N° D'ORDRE
276.

# THÈSES

PRÉSENTÉES

## A LA FACULTÉ DES SCIENCES DE PARIS

POUR

OBTENIR LE GRADE DE DOCTEUR ÉS SCIENCES MATHÉMATIQUES,

### Par M. E. STEPHAN,

ANCIEN ÉLÈVE DE L'ÉCOLE NORMALE SUPÉRIEURE, AGRÉGÉ DES SCIENCES,
ASTRONOME ADJOINT A L'OBSERVATOIRE.

1ʳᵉ THÈSE. — SUR UNE CLASSE D'ÉQUATIONS AUX DÉRIVÉES PARTIELLES DU SECOND ORDRE.

2ᵉ THÈSE. — PROPOSITIONS D'ASTRONOMIE DONNÉES PAR LA FACULTÉ.

Soutenues le          1865, devant la Commission d'Examen.

MM. PUISEUX, *Président.*
SERRET,
BRIOT,                    *Examinateurs.*

## PARIS,

### GAUTHIER-VILLARS, IMPRIMEUR-LIBRAIRE

DE L'ÉCOLE IMPÉRIALE POLYTECHNIQUE, DU BUREAU DES LONGITUDES,
SUCCESSEUR DE MALLET-BACHELIER,
Quai des Augustins, 55.

1865

# THÈSES

PRÉSENTÉES

## A LA FACULTÉ DES SCIENCES DE PARIS

POUR

OBTENIR LE GRADE DE DOCTEUR ÈS SCIENCES MATHÉMATIQUES,

### Par M. E. STEPHAN,

ANCIEN ÉLÈVE DE L'ÉCOLE NORMALE SUPÉRIEURE, AGRÉGÉ DES SCIENCES,
ASTRONOME ADJOINT A L'OBSERVATOIRE.

1ʳᵉ **THÈSE.** — SUR UNE CLASSE D'ÉQUATIONS AUX DÉRIVÉES PARTIELLES DU SECOND ORDRE.

2ᵉ **THÈSE.** — PROPOSITIONS D'ASTRONOMIE DONNÉES PAR LA FACULTÉ.

Soutenues le        1865, devant la Commission d'Examen.

MM. PUISEUX, *Président.*
SERRET,
BRIOT,     } *Examinateurs.*

## PARIS,

### GAUTHIER-VILLARS, IMPRIMEUR-LIBRAIRE

DE L'ÉCOLE IMPÉRIALE POLYTECHNIQUE, DU BUREAU DES LONGITUDES,

**SUCCESSEUR DE MALLET-BACHELIER,**

Quai des Augustins, 55.

1865

# ACADÉMIE DE PARIS.

## FACULTÉ DES SCIENCES DE PARIS.

**DOYEN.** . . . . . . . . . . . . . . . . . . . . .  MILNE EDWARDS, Professeur. Zoologie, Anatomie, Physiologie.

**PROFESSEURS HONORAIRES** { PONCELET. / LEFÉBURE DE FOURCY.

**PROFESSEURS** . . . . . . . . . . . . . . . . . .
- DUMAS. . . . . . . . . . . . . . . . . Chimie.
- DELAFOSSE. . . . . . . . . . . . . Minéralogie.
- BALARD. . . . . . . . . . . . . . . Chimie.
- CHASLES. . . . . . . . . . . . . . Géométrie supérieure
- LE VERRIER. . . . . . . . . . . . Astronomie.
- DUHAMEL. . . . . . . . . . . . . . Algèbre supérieure.
- LAMÉ . . . . . . . . . . . . . . . . Calcul des probabilités, Physique mathématique.
- DELAUNAY. . . . . . . . . . . . . . Mécanique physique.
- C. BERNARD. . . . . . . . . . . . . Physiologie générale.
- P. DESAINS. . . . . . . . . . . . . Physique.
- LIOUVILLE. . . . . . . . . . . . . Mécanique rationnelle.
- HÉBERT . . . . . . . . . . . . . . . Géologie.
- PUISEUX . . . . . . . . . . . . . . Astronomie.
- DUCHARTRE. . . . . . . . . . . . . Botanique.
- JAMIN. . . . . . . . . . . . . . . . Physique.
- SERRET. . . . . . . . . . . . . . . Calcul différentiel et intégral.
- PAUL GERVAIS. . . . . . . . . . . Anatomie, Physiologie comparée, Zoologie.

**AGRÉGÉS** . . . . . . . . . . . . . . . . . . . .
- BERTRAND. . . . . . . . . . . . . . } Sciences mathématiques.
- J. VIEILLE. . . . . . . . . . . . . }
- PELIGOT. . . . . . . . . . . . . . . Sciences physiques.

**SECRÉTAIRE** . . . . . . . . . . . . . . . E. PREZ-REYNIER.

PARIS. — IMPRIMERIE DE GAUTHIER-VILLARS, SUCCESSEUR DE MALLET-BACHELIER,
Rue du Seine-Saint-Germain, 10, près l'Institut.

# PREMIÈRE THÈSE.

## SUR UNE CLASSE D'ÉQUATIONS

### AUX

## DÉRIVÉES PARTIELLES DU SECOND ORDRE.

### INTRODUCTION.

Dans ce qui suit, nous désignerons, selon l'usage, par $x$, $y$, $z$ les trois coordonnées rectangulaires d'un point, $z$ étant regardé comme fonction des variables indépendantes $x$ et $y$. Nous représenterons par $p$ et $q$ les premières dérivées de $z$ relatives à $x$ et à $y$, par $r$, $s$, $t$ les dérivées secondes

$$\frac{d^2 z}{dx^2}, \quad \frac{d^2 z}{dx\,dy}, \quad \frac{d^2 z}{dy^2}.$$

Ce travail est divisé en deux Parties. Dans la première, nous exposons deux méthodes qui permettent de traiter d'une manière complète la question suivante : *Trouver l'équation générale des surfaces définies par une propriété commune relative à la direction du plan tangent le long d'une ligne de courbure quelconque de l'un des systèmes.*

La première méthode fait dépendre la solution de cette question de l'intégration d'une équation de la forme

$$s = f(x, y, z, p, q),$$

non linéaire en général, mais souvent intégrable; la seconde méthode conduit à l'intégration d'une équation linéaire de la forme

$$s + \mathrm{P}p + \mathrm{Q}q = 0,$$

dans laquelle P et Q sont fonctions de $x$ et $y$ seulement.

Cette forme se prête à l'application immédiate de la méthode que Laplace a exposée dans les *Mémoires de l'Académie* de 1773, et permet par conséquent de trouver l'intégrale générale ou de s'assurer qu'elle ne peut pas être mise sous forme finie, en restant, toutefois, placé au point de vue de l'illustre auteur.

Nous faisons voir que tous les groupes de surfaces ainsi définies appartiennent à la classe qui a pour équation différentielle

$$\mathrm{R}r + \mathrm{S}s + \mathrm{T}t = 0,$$

R, S, T étant des fonctions de $p$ et de $q$ satisfaisant à la relation

$$\mathrm{R}(1 + p^2) + \mathrm{S}pq + \mathrm{T}(1 + q^2) = 0.$$

Nos méthodes nous permettent d'intégrer les équations de cette forme. Ces équations en comprennent un grand nombre qui représentent des surfaces susceptibles d'avoir une infinité d'ombilics réels formant des lignes *ombilicales*.

La seconde Partie est consacrée à l'examen spécial de quelques-unes de ces dernières équations.

# PREMIÈRE PARTIE.

§ I$^{er}$. *Surfaces enveloppes et surfaces enveloppées. Enveloppées principales; usage de ces dernières.*

1. Une équation

$$\mathrm{F}(x, y, z, a) = 0,$$

dans laquelle $a$ désigne un paramètre variable et F une fonction déterminée, représente une infinité de surfaces qui correspondent respectivement aux différentes valeurs de $a$; et l'on sait qu'il existe toujours une surface, réelle ou imaginaire, appelée par Monge *enveloppe* des premières, dont l'équation s'obtient en éliminant $a$ entre l'équation précédente et l'équation

$$\frac{d\mathrm{F}}{da} = 0.$$

Monge donne aux surfaces de la première équation le nom d'*enveloppées*.

L'enveloppe touche chacune des enveloppées suivant une ligne représentée par l'ensemble des équations précédentes ; cette ligne est l'intersection de deux enveloppées consécutives, quand le paramètre varie d'une manière continue.

L'enveloppe peut être considérée comme le lieu de toutes ces lignes de contact.

On conçoit d'ailleurs que l'équation $F = o$ peut avoir des formes très-différentes et conduire néanmoins à une même enveloppe. C'est ainsi qu'une surface de révolution peut être envisagée comme enveloppant les cônes droits circonscrits suivant les parallèles, ou les cylindres circonscrits suivant les méridiens, etc.

**2.** Si l'équation donnée est

$$F(x, y, z, a, b) = o,$$

c'est-à-dire renferme deux paramètres arbitraires $a$ et $b$, en éliminant ces deux paramètres entre cette équation et les deux suivantes,

$$\frac{dF}{da} = o, \quad \frac{dF}{db} = o,$$

on obtient l'équation d'une surface qui peut être considérée, d'un certain point de vue, comme l'enveloppe des surfaces $F = o$. Seulement, chacune de ces surfaces n'est touchée qu'en un seul point par l'enveloppe.

**3.** Au lieu de regarder les deux paramètres comme indépendants l'un de l'autre, supposons que $b$ soit une fonction arbitraire de $a$. L'équation

$$F[x, y, z, a, \varphi(a)] = o$$

doit être traitée comme la première. A chaque forme de la fonction $\varphi$ correspond une enveloppe ; on a donc une infinité d'enveloppes quand $\varphi$ prend des formes différentes. Toutes ces surfaces ont un caractère commun, indépendant de la fonction arbitraire, et lié à la nature des courbes suivant lesquelles chaque enveloppe est touchée par ses différentes enveloppées. C'est pour cette raison que Monge donne à la courbe représentée par l'ensemble des équations

$$F[x, y, z, a, \varphi(a)] = o, \quad \frac{dF}{da} = o,$$

le nom de *caractéristique*.

Prenons, par exemple, l'équation générale des sphères de rayon constant, dont le centre est situé dans un plan pris pour plan des $xy$ dans un système de coordonnées rectangulaires. Leur équation est

$$(x - a)^2 + [y - \varphi(a)]^2 + z^2 = r^2.$$

L'enveloppe de ces surfaces est une surface canal dont la nature varie avec la forme de la fonction $\varphi$, mais qui, dans tous les cas, quelle que soit cette fonction, est touchée par chacune des sphères suivant un cercle dont le plan est perpendiculaire au plan des $xy$; ce cercle, représenté par l'équation précédente et l'équation du plan

$$x - a + [y - \varphi(a)]\varphi'(a) = 0,$$

est la caractéristique de la surface canal.

4. Les méthodes d'intégration des équations aux dérivées partielles du premier et du second ordre, données par Monge et par Ampère, ont pour base la considération et la recherche préalable des caractéristiques.

Toutefois, ces courbes ne sont pas les seules que l'on puisse employer dans les questions de cette nature. Dans certains cas, il peut être avantageux de considérer une surface comme l'enveloppe des surfaces développables, appelées par Monge *enveloppées développables*, qui sont formées par les intersections successives des plans tangents aux différents points de lignes quelconques tracées sur la surface.

Parmi ces enveloppées développables, celles qui sont circonscrites le long d'une ligne de courbure jouissent de propriétés spéciales. La plus importante, c'est que la ligne de contact est à la fois ligne de courbure de l'enveloppe et de l'enveloppée. Il résulte de là que, si dans une question on connaît la nature de ces enveloppées, il suffira, pour avoir l'enveloppe, de régler le mouvement des enveloppées par la seule condition que chacune d'elles soit coupée par la suivante le long d'une de ses propres lignes de courbure. Nous les appellerons pour cette raison *enveloppées principales*. Chaque surface a donc deux systèmes d'enveloppées principales.

Il arrive fréquemment que la caractéristique est une ligne de courbure, mais ce n'est pas un fait nécessaire.

Quant à la manière dont on exprimera que chaque enveloppée principale est coupée par la suivante le long d'une de ses lignes de courbure, elle varie avec la nature de la question. Dans un certain nombre de cas, des considérations géométriques fournissent immédiatement les relations qui doivent exister entre les différents paramètres de l'équation qui représente l'ensemble des enveloppées d'un des systèmes, de manière à laisser arbitraire un seul de ces paramètres; alors on n'a qu'à chercher une enveloppe à la façon habituelle. Dans le plus grand nombre de cas, on est conduit à intégrer une équation aux dérivées partielles du second ordre; mais la nouvelle équation à intégrer est de la forme très-particulière

$$s = f(x, y, z, p, q).$$

Cette équation n'est pas en général linéaire; néanmoins elle est intégrable dans un très-grand nombre de cas. Nous verrons d'ailleurs, dans le second paragraphe, que, dans tous les cas, on peut modifier la méthode de façon à se trouver en présence d'une équation linéaire de la forme

$$s + \mathrm{P}p + \mathrm{Q}q = 0,$$

où P, Q désignent des fonctions de $x$, $y$ seulement.

L'application de la méthode suppose la connaissance préalable de l'équation différentielle des enveloppées principales de l'un des systèmes. Quelquefois cette connaissance résulte immédiatement de la définition des surfaces dont on veut l'équation générale. Dans tous les cas, les surfaces peuvent être définies par une équation aux dérivées partielles du second ordre de la forme indiquée dans l'introduction,

$$\mathrm{R}r + \mathrm{S}s + \mathrm{T}t = 0;$$

alors, l'examen de cette équation elle-même conduit à l'équation différentielle des enveloppées.

5. Supposons, par exemple, que l'on demande quelles sont les surfaces dont les lignes de courbure de l'un des systèmes sont des cercles parallèles à un même plan.

L'enveloppée circonscrite à l'une des surfaces suivant un de ces cercles est coupée partout sous le même angle par le plan du cercle; c'est donc un cône de révolution dont l'axe est perpendiculaire au plan donné. Or, pour que des cônes droits se coupent successivement suivant des cercles, il faut évidemment que le sommet décrive une perpendiculaire au plan. De là résulte que les cercles ne peuvent pas être pris arbitrairement quant à la position de leurs centres. Ces centres doivent être situés sur une même droite perpendiculaire au plan, et la surface cherchée est de révolution autour de cette droite. Ici, l'on aperçoit immédiatement que l'équation différentielle des enveloppées principales de l'un des systèmes est

$$1 + p^2 + q^2 = a,$$

le plan fixe étant pris pour plan des $xy$, et c'est à cette équation que l'on appliquerait les méthodes qui seront exposées plus bas, si le résultat n'était évident.

6. Supposons maintenant que les surfaces cherchées soient définies par une équation aux dérivées partielles du second ordre.

Nous allons faire voir que, dans le cas où nous nous supposons placés, cette équation différentielle est nécessairement de la forme

$$\mathrm{R}r + \mathrm{S}s + \mathrm{T}t = 0,$$

R, S, T étant liés par la relation

$$\mathrm{R}(1 + p^2) + \mathrm{S}pq + \mathrm{T}(1 + q^2) = 0.$$

Pour le démontrer, nous allons modifier la forme sous laquelle on prend habituellement l'équation des lignes de courbure, qui est, comme on sait,

$$\text{(A)} \quad dy^2[(1+q^2)s - pqt] + dx\,dy[(1+q^2)r - (1+p^2)t] - dx^2[(1+p^2)s - pqr] = 0.$$

Cette équation équivaut à la suivante :

$$\text{(B)} \qquad\qquad dp(dy + qdz) = dq(dx + pdz).$$

Remplaçons-y $dx$ et $dy$ par leurs valeurs en fonction des différentielles totales $dp$ et $dq$, et de $r, s, t$ : on a

$$dz = p\,dx + q\,dy,$$
$$dp = r\,dx + s\,dy,$$
$$dq = s\,dx + t\,dy;$$

tirons de ces deux dernières équations

$$dx = \frac{-s\,dq + t\,dp}{rt - s^2},$$
$$dy = \frac{-s\,dp + r\,dq}{rt - s^2};$$

en portant ces valeurs dans l'équation (B), mise au préalable sous la forme

$$[pq\,dp - (1+p^2)dq]\,dx = [pq\,dq - (1+q^2)dp]\,dy,$$

on obtient, après réductions faites,

$$\text{(C)} \quad dq^2[s(1+p^2) - rpq] + dp\,dq[r(1+q^2) - t(1+p^2)] - dp^2[s(1+q^2) - tpq] = 0.$$

Cela étant, désignons par

$$F = 0$$

l'équation aux dérivées partielles du second ordre d'un groupe de surfaces dont tous les individus jouissent d'une propriété commune relative à la direction du plan tangent le long d'une ligne de courbure de l'un des systèmes, et susceptible d'être traduite par une équation entre $p, q$ et une constante qui particularise chaque ligne de courbure. En un mot, supposons que tout le long d'une ligne de courbure $p$ et $q$ soient liés par une relation de la forme

$$f(p, q) = a,$$

puis différentions cette équation en laissant $a$ constant, ce qui donne un résultat de la forme

$$\frac{dq}{M} = \frac{dp}{N},$$

M et N étant des fonctions de $p$ et de $q$. L'équation (C) des lignes de courbure doit être vérifiée identiquement par la valeur du rapport $\frac{dp}{dq}$, tiré de l'égalité précédente, et par tout système de valeurs de $p$, $q$, $r$, $s$, $t$ satisfaisant à l'équation différentielle

$$F = 0.$$

Réciproquement, si on élimine $\frac{dp}{dq}$ entre l'équation

$$\frac{dq}{M} = \frac{dp}{N}$$

et l'équation (C), on doit retrouver l'équation différentielle donnée

$$F = 0.$$

Celle-ci est donc de la forme

$$(D)\quad r[(1 + q^2)MN - pqM^2] + s[(1 + p^2)M^2 - (1 + q^2)N^2] - t[(1 + p^2)MN - pqN^2] = 0,$$

ou plus simplement de la forme

$$Rr + Ss + Tt = 0,$$

R, S, T étant liés par la relation

$$R(1 + p^2) + Spq + T(1 + q^2) = 0.$$

Si une pareille équation nous est donnée, nous poserons

$$\frac{dq}{M} = \frac{dp}{N};$$

le rapport $\frac{M}{N}$ étant connu au moyen de R, S, T, et en intégrant cette équation, qui est aux différentielles ordinaires, nous obtiendrons l'équation différentielle des enveloppées principales

$$F(p, q, a) = 0.$$

Actuellement notre première méthode consiste à intégrer cette équation, puis à chercher l'enveloppe des surfaces représentées par l'intégrale générale, en regardant $a$ comme un paramètre variable, et exprimant que deux enveloppées successives se coupent suivant une de leurs propres lignes de courbure.

7. Comme cas particulier, faisons

$$M = q,$$
$$N = p.$$

L'équation donnée devient, après réductions,

$$\frac{r - t}{p^2 - q^2} = \frac{s}{pq},$$

et celle des enveloppées principales,

$$\frac{dq}{q} = \frac{dp}{p}.$$

Cette dernière s'intègre immédiatement et donne $p = \alpha q$, $\alpha$ étant une constante arbitraire.

Telle est l'équation des enveloppées principales. On peut d'ailleurs obtenir aisément, dans ce cas, leur équation en termes finis; c'est

$$y + \alpha x = \varphi(z).$$

Seulement, nous devons considérer $\varphi$ comme contenant $\alpha$ d'une manière quelconque.

Nous savons maintenant que les enveloppées principales sont des cylindres dont les génératrices sont parallèles au plan $xy$. Réciproquement, tout cylindre de cette espèce circonscrit à la surface la touche suivant une ligne de courbure caractérisée par une valeur particulière de $\alpha$ qui demeure la même tout le long de cette ligne.

Reste à déterminer la nature de la fonction $\varphi$, de manière que deux enveloppées successives se coupent suivant une ligne de courbure, ce qui est facile dans le cas actuel.

8. Nous remarquerons, en effet, que les lignes de courbure d'un cylindre sont les génératrices et les sections droites. Ici, les génératrices étant parallèles au plan des $xy$, les plans des sections droites ont des traces perpendiculaires aux projections des génératrices sur le plan des $xy$, et c'est sur ces traces que se projettent les tangentes aux sections droites. Il nous suffit donc d'écrire, en désignant par $\frac{dy}{dx}$ le coefficient angulaire de la projection d'une de ces tangentes, que l'on a l'égalité

$$\frac{dy}{dx}\,\alpha = 1.$$

9. Pour avoir ce coefficient nous différentions les deux équations

$$y + \alpha x = \varphi(z, \alpha),$$
$$x = \frac{d\varphi}{d\alpha},$$

ce qui donne

$$dy + \alpha\, dx = \frac{d\varphi}{dz}\, dz,$$

$$dx = \frac{d^2\varphi}{d\alpha\, dz}\, dz;$$

d'où, en éliminant $dz$,

$$\frac{dy}{dx} = \frac{\dfrac{d\varphi}{dz} - \alpha\, \dfrac{d^2\varphi}{d\alpha\, dz}}{\dfrac{d^2\varphi}{d\alpha\, dz}}.$$

Puis, portant cette valeur dans l'équation

$$\frac{dy}{dx}\, \alpha = 1,$$

nous obtenons, pour déterminer $\varphi$, l'équation

$$\frac{d^2\varphi}{d\alpha\, dz}\, (1 + \alpha^2) = \frac{d\varphi}{dz}\, \alpha.$$

Cette équation peut être intégrée, une première fois, comme si elle était aux différentielles ordinaires. On peut, en effet, la mettre sous la forme

$$\frac{\dfrac{d}{d\alpha}\left(\dfrac{d\varphi}{dz}\right)}{\dfrac{d\varphi}{dz}} = \frac{\alpha}{1 + \alpha^2}.$$

Chaque membre est une dérivée exacte; on a, en égalant les intégrales et remplaçant la constante par une fonction arbitraire de $z$, parce que cette variable est considérée comme constante pendant l'intégration,

$$\left(\frac{d\varphi}{dz}\right) = \mathrm{F}(z)\sqrt{1 + \alpha^2}.$$

En intégrant de nouveau, mais en remplaçant cette fois la constante par une fonction de $\alpha$, on obtient définitivement pour la valeur la plus générale de $\varphi$

$$\varphi = \sqrt{1 + \alpha^2}\int \mathrm{F}(z)\,dz + \psi(\alpha),$$

ou plus simplement

$$\varphi = \sqrt{1 + \alpha^2}\, f(z) + \psi(\alpha),$$

$f$ et $\psi$ étant des fonctions arbitraires.

Ainsi, l'intégrale générale de l'équation

$$\frac{r - t}{p^2 - q^2} = \frac{s}{pq}$$

est représentée par l'ensemble des deux équations

$$y + \alpha x = \sqrt{1 + \alpha^2}\, f(z) + \psi(\alpha),$$
$$x = \frac{\alpha}{\sqrt{1 + \alpha^2}}\, f(z) + \psi'(\alpha),$$

dont la seconde est la dérivée de la première par rapport à $\alpha$.

10. Il est aisé de vérifier que le système de ces deux équations constitue bien une intégrale de l'équation donnée. On a, en effet, en différentiant la première successivement par rapport à $x$ et par rapport à $y$,

$$\alpha = \sqrt{1 + \alpha^2}\, f'(z)\, p,$$
$$1 = \sqrt{1 + \alpha^2}\, f'(z)\, q,$$

et en divisant ces dernières membre à membre,

$$p = \alpha q.$$

Différentions actuellement celle-ci par rapport à $x$, puis par rapport à $y$, nous obtenons

$$r - \alpha s = q\, \frac{d\alpha}{dx},$$
$$s - \alpha t = q\, \frac{d\alpha}{dy};$$

d'où l'on tire

$$\frac{r - \alpha s}{s - \alpha t} = \frac{\dfrac{d\alpha}{dx}}{\dfrac{d\alpha}{dy}}.$$

Or, la seconde des équations intégrales donne

$$\frac{d\alpha}{dx} = \frac{1 - \dfrac{\alpha}{\sqrt{1 + \alpha^2}}\, f'(z)\, p}{f(z)\, \dfrac{1}{(1 + \alpha^2)^{\frac{3}{2}}} + \psi''(\alpha)} = \frac{\dfrac{1}{1 + \alpha^2}}{f(z)\, \dfrac{1}{(1 + \alpha^2)^{\frac{3}{2}}} + \psi''(\alpha)},$$

$$\frac{d\alpha}{dy} = \frac{- \dfrac{\alpha}{\sqrt{1 + \alpha^2}}\, f'(z)\, q}{f(z)\, \dfrac{1}{(1 + \alpha^2)^{\frac{3}{2}}} + \psi''(\alpha)} = \frac{- \dfrac{\alpha}{1 + \alpha^2}}{f(z)\, \dfrac{1}{(1 + \alpha^2)^{\frac{3}{2}}} + \psi''(\alpha)}.$$

On a donc

$$\frac{r - \alpha s}{s - \alpha t} = \frac{-1}{\alpha},$$

d'où

$$\alpha(r - t) = (\alpha^2 - 1)s,$$

ou, en remplaçant $\alpha$ par sa valeur $\dfrac{p}{q}$,

$$\frac{r - t}{p^2 - q^2} = \frac{s}{pq}.$$

11. Supposons, en général, que l'équation différentielle des enveloppées principales d'un des systèmes soit

$$f(p, q, a) = 0;$$

$a$ étant une constante qui varie avec la ligne de courbure, on intégrera cette équation.

Nous admettons que son intégrale générale peut réellement être exprimée par une seule équation et non pas par le système de deux dont l'une est la dérivée de l'autre par rapport à une constante arbitraire; ce dernier cas se prête mieux à l'application de notre deuxième méthode qui fait l'objet du second paragraphe de cette première Partie.

Soit F $[x, y, z, a, \varphi(u, a)] = 0$ cette intégrale, dans laquelle $\varphi$ désigne une fonction arbitraire de $u$ et de $a$, $u$ étant d'ailleurs connu en fonction de $x$, $y$, $z$.

Nous savons que l'intégrale de l'équation différentielle donnée est le résultat de l'élimination de $a$ entre l'équation précédente et sa dérivée par rapport à $a$,

$$\frac{dF}{da} + \frac{dF}{d\varphi}\frac{d\varphi}{da} = 0.$$

Pour plus de simplicité, nous supposerons $z$ remplacé dans les équations précédentes par sa valeur en fonction de $x$, $y$, $u$. Nous aurons alors

$$F[x, y, a, u, \varphi(u, a)] 0,$$
$$\frac{dF}{da} + \frac{dF}{d\varphi}\frac{d\varphi}{da} = 0.$$

Actuellement, nous différentierons ces deux équations en y regardant $a$ comme constant, ce qui nous donnera deux équations de la forme

$$L\,dx + M\,dy + N\,du = 0,$$
$$P\,dx + Q\,dy + R\,du = 0,$$

d'où, en éliminant $du$,

$$(LR - PN)\,dx + (MR - QN)\,dy = 0.$$

**12.** Cette équation nous fait connaitre le rapport $\dfrac{dy}{dx}$ tout le long d'une ligne de courbure. D'autre part, l'équation différentielle des enveloppées principales,

$$f(p, q, a) = 0,$$

donne, le long de la même ligne de courbure,

$$\frac{df}{dp}\, dp + \frac{df}{dq}\, dq = 0.$$

Nous pourrons donc remplacer, dans l'équation (B) des lignes de courbure ou dans son équivalente,

$$dx\,[(1 + p^2)\, dq - pq\, dp] = dy\,[(1 + q^2)\, dp - pq\, dq],$$

$dx$, $dy$, $dp$, $dq$ par les quantités

$$(MR - QN), \quad -(LR - PN), \quad \frac{df}{dq}, \quad -\frac{df}{dp},$$

qui leur sont respectivement proportionnelles.

Dans cette équation, nous remplacerons $p$ et $q$ par leurs valeurs en fonctions de $u$, $a$, $\dfrac{d\varphi}{du}$, au moyen de l'équation

$$F\,[x, y, u, a, \varphi\,(u, a)] = 0$$

différentiée successivement par rapport à $x$ et par rapport à $y$ en laissant $a$ constant et considérant $u$ comme fonction de $x$, $y$, $z$; puis, $x$ et $y$ par leurs valeurs tirées de l'équation précédente et de sa dérivée par rapport à $a$ en fonction de $u$, $a$, $\dfrac{d\varphi}{da}$; les coefficients de l'équation des lignes de courbure, précédemment écrite, ne peuvent donc contenir que

$$x, \; y, \; u, \; a, \; \varphi, \; \frac{d\varphi}{du}, \; \frac{d\varphi}{da}, \; \frac{d^2\varphi}{du.da},$$

nous aurons par conséquent, pour déterminer $\varphi$, une relation entre les six dernières de ces quantités, c'est-à-dire, pour reprendre les notations usuelles, en remplaçant

$$u, \; a, \; \varphi, \; \frac{d\varphi}{du}, \; \frac{d\varphi}{da}, \; \frac{d^2\varphi}{du.da}$$

par

$$x, \; y, \; z, \; p, \; q, \; s,$$

une équation de la forme

$$s = f(x, y, z, p, q).$$

**13.** Appliquons ces raisonnements à l'exemple qui précède. $u$ est, dans ce cas, égal à $z$. $dx$, $dy$, $dp$, $dq$ sont respectivement proportionnels à

$$\frac{d^2\varphi}{d\alpha\,dz}, \quad \frac{d\varphi}{dz} - \alpha\,\frac{d^2\varphi}{d\alpha\,dz}, \quad \alpha, \quad 1.$$

L'équation des lignes de courbure devient

$$\frac{d^2\varphi}{d\alpha\,dz}\,[(1 + p^2) - \alpha pq] = \left(\frac{d\varphi}{dz} - \alpha\,\frac{d^2\varphi}{d\alpha\,dz}\right)[(1 + p^2)\,\alpha - pq]$$

ou, à cause de la relation $p = \alpha q$,

$$\frac{d^2\varphi}{d\alpha\,dz} = \left(\frac{d\varphi}{dz} - \alpha\,\frac{d^2\varphi}{d\alpha\,dz}\right)\alpha,$$

qui n'est autre que l'équation établie directement par suite de la nature spéciale des lignes de courbure des cylindres enveloppés.

§ II. *Équation linéaire à laquelle conduit l'emploi des deux systèmes d'enveloppées principales.*

**14.** Nous avons dit que l'équation finale à laquelle nous sommes conduits en exprimant qu'une enveloppée principale coupe la suivante le long d'une ligne de courbure, est de la forme linéaire

$$s + Pp + Qq = 0,$$

lorsque l'on dirige les calculs d'une manière convenable. Nous allons prouver qu'il suffit pour cela de prendre pour variables indépendantes les deux constantes arbitraires relatives aux enveloppées principales des deux systèmes. Ce qui suit va éclaircir le vague de cet énoncé.

**15.** Toute surface S, quelle que soit sa nature, peut être d'une infinité de manières considérée comme l'enveloppe d'un plan variable dont les coefficients sont des fonctions convenables de deux constantes arbitraires. Soit

$$z = F(a, b) + x\varphi(a, b) + yf(a, b)$$

l'équation de ce plan. Si l'on y laisse constante l'une des deux quantités $a$ ou $b$, $a$, par exemple, tous les plans représentés par l'équation résultant de cette hypothèse enveloppent une certaine surface développable qui touche la surface S suivant une ligne $l$; si l'on donne à $a$ une valeur différente, on a une autre surface développable touchant la surface S le long d'une nouvelle ligne $l'$ différente de la première. On obtient ainsi une première série de surfaces développables enveloppées par S et que nous appellerons les surfaces $(a)$, parce que leur équation générale contient ce paramètre; ou, pour être plus explicite, parce que chacune de ces surfaces est complétement déterminée quand on donne à $a$ une valeur particulière.

De même, nous aurons une autre série de surfaces que nous nommerons les surfaces $(b)$.

Ainsi, la surface S peut, de deux manières différentes, du point de vue auquel nous nous sommes placés, être considérée comme enveloppée par des surfaces développables.

16. Un point quelconque P de la surface S est représenté par l'ensemble des trois équations

$$z = F(a, b) + x\psi(a, b) + yf(a, b),$$
$$0 = \frac{dF}{da} + x\frac{d\varphi}{da} + y\frac{df}{da},$$
$$0 = \frac{dF}{db} + x\frac{d\varphi}{db} + y\frac{df}{db}.$$

On aura l'équation de la surface S en éliminant $a$ et $b$ entre ces trois dernières équations.

Les lignes de contact $(a)$ et $(b)$ sont respectivement représentées par les deux groupes suivants :

$(\alpha)$
$$\begin{cases} z = F(a, b) + x\varphi(a, b) + yf(a, b), \\ 0 = \frac{dF}{db} + x\frac{d\varphi}{db} + y\frac{df}{db} : \end{cases}$$

$(\beta)$
$$\begin{cases} z = F(a, b) + x\varphi(a, b) + yf(a, b), \\ 0 = \frac{dF}{da} + x\frac{d\varphi}{da} + y\frac{df}{da}. \end{cases}$$

Le point P est à l'intersection des deux lignes appartenant l'une au système $(\alpha)$, l'autre au système $(\beta)$. Pour toute surface, on peut choisir d'une infinité de manières ces deux systèmes de lignes.

Nous allons chercher quelle est la relation à laquelle doivent satisfaire les trois fonctions F, $\varphi$, $f$ pour que, en chaque point P, une des deux génératrices rectilignes qui y passent soit tangente à la ligne de contact appartenant à la surface de l'autre système. Nous allons exprimer, par exemple, que la ligne de contact de la surface $(a)$ est tangente à la génératrice de la surface $(b)$.

17. Cette tangente étant déjà située dans le plan tangent à la surface S, aussi bien que la génératrice $(b)$, il suffit d'exprimer que les projections de ces deux droites sur le plan $xy$ sont parallèles, c'est-à-dire d'écrire que les différentielles $dx$ et $dy$ le long de la ligne de contact satisfont à la relation

$$0 = \frac{d\varphi}{da} dx + \frac{df}{da} dy.$$

Différentions les secondes équations des groupes $(\alpha)$, $(\beta)$, en laissant constant le paramètre $a$. Nous obtenons

$$0 = \left( \frac{d^2 F}{da\,db} + x\,\frac{d^2 \varphi}{da\,db} + y\,\frac{d^2 f}{da\,db} \right) db + \frac{d\varphi}{da}\,dx + \frac{df}{da}\,dy,$$

$$0 = \left( \frac{d^2 F}{db^2} + x\,\frac{d^2 \varphi}{db^2} + y\,\frac{d^2 f}{db^2} \right) db + \frac{d\varphi}{db}\,dx + \frac{df}{db}\,dy.$$

Pour que $dx$ et $dy$ satisfassent à la première des deux relations précédentes, il faut et il suffit que l'on ait

$$\frac{d^2 F}{da\,db} + x\,\frac{d^2 \varphi}{da\,db} + y\,\frac{d^2 f}{da\,db} = 0.$$

18. Nous remarquons que si nous eussions voulu exprimer que la ligne de contact $(b)$ est tangente à la génératrice d'une surface $(a)$, nous eussions été conduits à la même équation. Donc, quand la ligne de contact d'une surface de l'un des systèmes est tangente à une génératrice de l'autre, l'inverse a lieu pareillement ; ou, en d'autres termes, les génératrices de chacune des deux surfaces développables $(a)$ et $(b)$ sont à la fois tangentes à la ligne de contact de l'autre surface avec la surface S. Nous transformerons l'équation de condition qui précède, en y mettant à la place de $x$ et de $y$ leurs valeurs tirées des secondes équations des systèmes $(\alpha)$, $(\beta)$.

Nous obtenons ainsi

$$(\gamma) \quad \frac{d^2 F}{da\,db}\left( \frac{d\varphi}{da}\frac{df}{db} - \frac{d\varphi}{db}\frac{df}{da} \right) + \frac{d^2 \varphi}{da\,db}\left( \frac{df}{da}\frac{dF}{db} - \frac{df}{db}\frac{dF}{da} \right) + \frac{d^2 f}{da\,db}\left( \frac{dF}{da}\frac{d\varphi}{db} - \frac{dF}{db}\frac{d\varphi}{da} \right) = 0.$$

19. Cette équation laisse indéterminées deux des trois fonctions F, $\varphi$, $f$. Mais si nous prenons pour nos surfaces $(a)$ et $(b)$ les enveloppées principales de la surface S, il n'en est plus ainsi : les fonctions $f$ et $\varphi$ sont liées par une équation que nous obtiendrons en écrivant que les génératrices des deux surfaces $(\alpha)$, $(\beta)$ se coupent à angle droit.

Cette équation est

$$(\delta) \quad (1 + \varphi^2)\frac{df}{da}\frac{df}{db} - f\varphi\left( \frac{d\varphi}{da}\frac{df}{db} + \frac{d\varphi}{db}\frac{df}{da} \right) + (1 + f^2)\frac{d\varphi}{da}\frac{d\varphi}{db} = 0.$$

Pour la former immédiatement, il suffit de considérer les équations

$$\frac{x}{\dfrac{df}{db}} = -\frac{y}{\dfrac{d\varphi}{db}} = \frac{z}{\varphi \cdot \dfrac{df}{db} - f \cdot \dfrac{d\varphi}{db}},$$

$$\frac{x}{\dfrac{df}{da}} = -\frac{y}{\dfrac{d\varphi}{da}} = \frac{z}{\varphi \cdot \dfrac{df}{da} - f \cdot \dfrac{d\varphi}{da}},$$

qui représentent respectivement des droites menées par l'origine des coordonnées parallèlement aux deux génératrices et d'exprimer la perpendicularité de ces droites.

Remarquons que la première de ces deux équations est du deuxième ordre, mais linéaire par rapport à chacune des trois fonctions F, $\varphi$, $f$. Elle est même de la forme très-particulière

$$s + Pp + Qq = 0,$$

P et Q étant fonctions seulement des deux variables indépendantes.

20. Si donc $\varphi$ et $f$ sont données par deux équations de la forme

$$\psi(\varphi, f, a) = 0,$$
$$\psi_1(\varphi, f, b) = 0,$$

on obtiendra F par une équation linéaire du second ordre ne contenant pas les dérivées extrêmes de cet ordre.

Si on connait seulement l'un des systèmes d'enveloppées principales, au lieu de l'intégrer, comme dans le premier paragraphe, on déterminera l'équation des enveloppées principales du second système par l'équation du premier ordre

$$(1 + \varphi'^2)\frac{df}{da}\frac{df}{db} - f\varphi\left(\frac{d\varphi}{da}\frac{df}{db} + \frac{d\varphi}{db}\frac{df}{da}\right) + (1 + f'^2)\frac{d\varphi}{da}\frac{d\varphi}{db} = 0;$$

on retombera alors sur le cas précédent, où les équations

$$\psi = 0,$$
$$\psi_1 = 0,$$

sont données.

Il suffira d'ailleurs de prendre une intégrale avec une seule constante arbitraire. On connaitra donc $\varphi$, $f$, F en fonction de $a$ et $b$, F renfermant dans son expression deux fonctions arbitraires. On portera ces valeurs dans l'équation

$$z = F(a, b) + x\varphi(a, b) + yf(a, b),$$

puis on éliminera les deux paramètres entre cette équation et les deux équations dérivées

$$0 = \frac{dF}{da} + x\frac{d\varphi}{da} + y\frac{df}{da},$$

$$0 = \frac{dF}{db} + x\frac{d\varphi}{db} + y\frac{df}{db}.$$

Les deux fonctions $\varphi$ et $f$ ne sont autre chose que les dérivées partielles de $z$ par rapport à $x$ et à $y$ dans l'équation de la surface S, dérivées que nous désignons habituellement par $p$ et $q$. Nous n'avons fait qu'un changement de variables en exprimant ces coefficients différentiels au moyen de $a$ et $b$, au lieu de les exprimer au moyen de $x$ et de $y$.

21. Quand on a trouvé l'équation différentielle des enveloppées principales de l'un des systèmes

$$\psi(p, q, a) = 0,$$

il n'est pas nécessaire, pour trouver l'autre, de recourir à l'équation $(\partial)$. En effet, de l'équation précédente nous tirons

$$r = \alpha s,$$

$$t = \frac{s}{\alpha},$$

en désignant par $\alpha$ le rapport $-\dfrac{\dfrac{d\psi}{dq}}{\dfrac{d\psi}{dp}}$. Portons ces valeurs de $r$ et de $t$ dans l'équation différentielle des lignes de courbure. Elle devient

$$[\alpha(1 + p^2) - pq]dp^2 + [1 + p^2 - \alpha(1 + q^2)]dp\,dq + [\alpha^2 pq - \alpha(1 + p^2)]dq^2 = 0.$$

Le premier membre se décompose en deux facteurs

$$dp - \alpha dq,$$

$$[\alpha(1 + q^2) - pq]dp + [1 + p^2 - \alpha pq]dq,$$

qui correspondent respectivement aux enveloppées principales des deux systèmes.

22. Reprenons l'exemple déjà traité :

$$\frac{r - t}{p^2 - q^2} = \frac{s}{pq}.$$

Nous avons trouvé, pour équation différentielle des enveloppées principales de l'un des systèmes,

$$p = aq,$$

c'est-à-dire, avec la notation que nous avons employée en dernier lieu,

$$\varphi = af.$$

On déduit de cette dernière équation, en la différentiant successivement par rapport à $x$ et par rapport à $y$,

$$\frac{d\varphi}{da} = f + a\frac{df}{da},$$

$$\frac{d\varphi}{db} = a\frac{df}{db}.$$

Portons ces valeurs de $\varphi$, $\dfrac{d\varphi}{da}$, $\dfrac{d\varphi}{db}$, dans l'équation différentielle qui lie $\varphi$ et $f$. Cette équation devient

$$(1 + a^2f^2)\frac{df}{da}\frac{df}{db} - af^2\left[\left(f + a\frac{df}{da}\right)\frac{df}{db} + a\frac{df}{da}\frac{df}{db}\right] + (1 + f^2)\left(f + a\frac{df}{da}\right)a\frac{df}{db} = 0,$$

ou, en effaçant les termes qui se détruisent,

$$(1 + a^2)\frac{df}{da}\frac{df}{db} + af\frac{df}{db} = 0.$$

Le premier membre de cette équation se décompose en deux facteurs,

$$\frac{df}{db} \quad \text{et} \quad (1 + a^2)\frac{df}{da} + af;$$

le second facteur, égalé à zéro, nous donne, pour déterminer $f$, l'équation

$$(1 + a^2)\frac{df}{da} + af = 0;$$

cette équation peut être intégrée immédiatement.

On obtient ainsi

$$f\sqrt{1 + a^2} = b$$

[il ne serait pas plus général de mettre $\varphi(b)$].

On a donc

$$f = \frac{b}{\sqrt{1 + a^2}},$$

$$\varphi = \frac{ab}{\sqrt{1 + a^2}}.$$

Ces valeurs vont nous servir pour déterminer F : on en déduit en effet

$$\frac{df}{da} = -\frac{ab}{(1 + a^2)^{\frac{3}{2}}}, \qquad \frac{df}{db} = \frac{1}{\sqrt{1 + a^2}};$$

$$\frac{d\varphi}{da} = \frac{b}{(1 + a^2)^{\frac{3}{2}}}, \qquad \frac{d\varphi}{db} = \frac{a}{\sqrt{1 + a^2}};$$

$$\frac{d^2f}{da\,db} = -\frac{a}{(1 + a^2)^{\frac{3}{2}}}, \qquad \frac{d^2\varphi}{da\,db} = \frac{1}{(1 + a^2)^{\frac{3}{2}}}.$$

En portant ces valeurs dans l'équation

$$\frac{d^2F}{da\,db}\left(\frac{d\varphi}{da}\frac{df}{db} - \frac{d\varphi}{db}\frac{df}{da}\right) + \frac{dF}{da}\left(\frac{d\varphi}{db}\frac{d^2f}{da\,db} - \frac{df}{db}\frac{d^2\varphi}{da\,db}\right) + \frac{dF}{db}\left(\frac{df}{da}\frac{d^2\varphi}{da\,db} - \frac{d\varphi}{da}\frac{d^2f}{da\,db}\right) = 0,$$

on obtient, après réductions,

$$\frac{d^2 F}{da\,db}\,b - \frac{dF}{da} = 0.$$

On tire de là, en intégrant deux fois,

$$F = b \int \varphi(a)\,da + \psi(b).$$

Désignons $\int \varphi(a)\,da$ par $f(a)$; nous aurons, pour représenter l'intégrale de l'équation proposée, le système des trois équations

$$z = bf(a) + \psi(b) + \frac{ab}{\sqrt{1+a^2}}\,x + \frac{b}{\sqrt{1+a^2}}\,y,$$

$$0 = f'(a) + \frac{x}{(1+a^2)^{\frac{3}{2}}} - \frac{ay}{(1+a^2)^{\frac{3}{2}}},$$

$$0 = f(a) + \psi'(b) + \frac{ax}{\sqrt{1+a^2}} + \frac{y}{\sqrt{1+a^2}}.$$

**23.** Il est aisé de vérifier que ce système de trois équations est équivalent au système des deux équations précédemment trouvées

$$y + ax = \sqrt{1+a^2}\,f(z) + \psi(a),$$

$$x = \frac{a}{\sqrt{1+a^2}}\,f(z) + \psi'(a).$$

En effet, on tire de la troisième

$$-\psi'(b) = f(a) + \frac{ax}{\sqrt{1+a^2}} + \frac{y}{\sqrt{1+a^2}}.$$

D'autre part, la première équation peut être écrite de la manière suivante :

$$z = \psi(b) + b\left[ f(a) + \frac{ax}{\sqrt{1+a^2}} + \frac{y}{\sqrt{1+a^2}} \right];$$

on a donc

$$z = \psi(b) - b\,\psi'(b),$$

et, par conséquent,

$$b = \Phi(z),$$

le signe $\Phi$ désignant une fonction complétement arbitraire. La troisième équation peut donc être mise sous la forme

$$y + ax = \sqrt{1+a^2}\,[f(z)] + \psi_1(a);$$

puis, en multipliant la troisième équation par $a$ et l'ajoutant membre à membre avec la seconde, on obtient

$$0 = af(a) + (1 + a^2) f'(a) + a\,\psi'(b) + x\sqrt{1 + a^2}$$

ou

$$x = +\frac{a}{\sqrt{1 + a^2}} f(z) - \frac{a}{\sqrt{1 + a^2}} f(a) - \sqrt{1 + a^2}\, f'(a) = \frac{a}{\sqrt{1 + a^2}} f(z) + \psi_1(a).$$

Cette dernière équation, jointe à l'équation

$$y + ax = \sqrt{1 + a^2}\, f(z) + \psi_1(a),$$

constitue précisément le système déjà obtenu.

24. Prenons maintenant le second facteur $\frac{df}{db}$, que nous avons laissé de côté; en l'égalant à zéro, on trouve

$$f = \chi(a),$$

et on en déduit par l'équation $\varphi = af$, n° **22**,

$$\varphi = a\chi(a).$$

L'équation $(\gamma)$, qui donne F, est identiquement satisfaite; on peut donc prendre pour F une fonction entièrement arbitraire de $a$ et de $b$, mais l'une des équations dérivées se réduisant ici à

$$0 = \frac{dF}{db},$$

$b$ est fonction de $a$, et il n'est pas moins général de poser

$$F = \varpi(a).$$

Par conséquent, la valeur de $z$ est

$$z = \varpi(a) + xa\chi(a) + y\chi(a).$$

Il faut joindre à cette équation sa dérivée par rapport à $a$,

$$0 = \varpi'(a) + x\left[a\chi'(a) + \chi(a)\right] + y\chi'(a),$$

puis éliminer $a$ entre ces deux équations; mais la fonction n'est pas arbitraire. Cherchons, en effet, à vérifier l'équation différentielle donnée.

On a toujours

$$p = aq,$$

d'où

$$\frac{r - as}{s - at} = \frac{\dfrac{da}{dx}}{\dfrac{da}{dy}}.$$

Pour qu'on retrouvât l'équation donnée, il faudrait que l'on eût

$$\frac{\dfrac{da}{dx}}{\dfrac{da}{dy}} = -\frac{1}{a};$$

or

$$\frac{\dfrac{da}{dx}}{\dfrac{da}{dy}} = \frac{\chi(a) + a\chi'(a)}{\chi'(a)}.$$

On doit donc avoir

$$\frac{\chi(a) + a\chi'(a)}{\chi'(a)} = -\frac{1}{a}$$

ou

$$a\chi(a) + (a^2 + 1)\chi'(a) = 0,$$

ce qui exige que $\chi(a)$ soit de la forme $\dfrac{c}{\sqrt{a^2 + 1}}$, $c$ étant une constante. Ainsi, le facteur $\dfrac{df}{db}$ correspond à une intégrale particulière; c'est ce qui aura lieu toutes les fois où l'on trouvera que l'une des variables $a$, $b$ n'entre pas dans les fonctions $f$ et $\varphi$.

25. Nous avons dit que, l'équation différentielle des enveloppées principales d'un des systèmes étant connue, l'équation générale des lignes de courbure peut souvent fournir, par une simple division, l'équation des enveloppées du second système. Si de l'équation $\dfrac{r - t}{p^2 - q^2} = \dfrac{s}{pq}$ on tire la valeur de $s$ pour la porter dans l'équation des lignes de courbure, celle-ci prend la forme

$$dq^2 + \frac{p^2 - q^2}{pq} \times dp\,dq - dp^2 = 0.$$

Cette équation fournit deux valeurs de $\dfrac{dq}{dp}$ :

$$\frac{dq}{dp} = \frac{q}{p} \quad \text{et} \quad \frac{dq}{dp} = -\frac{p}{q}$$

qui correspondent aux enveloppées principales des deux systèmes. La première de ces équations donne

$$p = aq,$$

la deuxième

$$p^2 + q^2 = b;$$

on en déduit

$$q = \frac{b}{\sqrt{1 + a^2}},$$

$$p = \frac{ab}{\sqrt{1 + a^2}}.$$

C'est ce que nous avons déjà trouvé.

26. Nous remarquerons encore, à l'occasion de l'équation

$$\frac{r - t}{p^2 - q^2} = \frac{s}{pq},$$

que c'est l'équation différentielle représentant toutes les surfaces dont les lignes de courbure de l'un des systèmes sont parallèles au plan des $xy$.

Ce qui précède nous apprend que celles du second système sont planes comme les premières, mais non parallèles entre elles. Leurs plans sont parallèles à une même droite perpendiculaire au plan des premières. Nous aurons bientôt occasion de retrouver cette catégorie de surfaces. Leur intégrale se présentera à nous sous une autre forme qui mettra en évidence un mode de génération très-simple déjà indiqué par Monge.

§ III. *Formules de Monge pour les surfaces réciproques. Méthode de Laplace pour l'intégration des équations aux dérivées partielles linéaires.*

27. Dans certains cas, il y a avantage à abandonner les variables indépendantes $a$ et $b$, et à considérer F comme fonction de $\varphi$ et de $f$. On retombe alors sur la méthode de Monge pour les surfaces réciproques. Nous allons écrire ce que devient l'équation qui fait connaître F. On a

$$\frac{dF}{da} = \frac{dF}{d\varphi} \cdot \frac{d\varphi}{da} + \frac{dF}{df} \cdot \frac{df}{da},$$

$$\frac{dF}{db} = \frac{dF}{d\varphi} \cdot \frac{d\varphi}{db} + \frac{dF}{df} \cdot \frac{df}{db},$$

$$\frac{d^2F}{da\,db} = \frac{d^2F}{d\varphi^2} \cdot \frac{d\varphi}{da} \cdot \frac{d\varphi}{db} + \frac{d^2F}{d\varphi\,df} \left( \frac{df}{db} \frac{d\varphi}{da} + \frac{d\varphi}{db} \frac{df}{da} \right) + \frac{d^2F}{df^2} \frac{df}{da} \frac{df}{db}$$
$$+ \frac{dF}{d\varphi} \cdot \frac{d^2\varphi}{da\,db} + \frac{dF}{df} \cdot \frac{d^2f}{da\,db}.$$

On déduit de ces trois équations

$$\frac{df}{da} \frac{dF}{db} - \frac{df}{db} \cdot \frac{dF}{da} = \frac{dF}{d\varphi} \left( \frac{df}{da} \cdot \frac{d\varphi}{db} - \frac{df}{d\varphi} \cdot \frac{d\varphi}{da} \right),$$

$$\frac{dF}{da} \cdot \frac{d\varphi}{db} - \frac{dF}{db} \frac{d\varphi}{da} = \frac{dF}{df} \left( \frac{df}{da} \frac{d\varphi}{db} - \frac{df}{db} \cdot \frac{d\varphi}{da} \right).$$

Remplaçons, dans l'équation du n° **18**, les quantités qui figurent aux premiers membres des deux dernières équations par les seconds membres; nous obtenons, par la suppression du facteur commun $\left(\dfrac{df}{da}\cdot\dfrac{d\varphi}{db} - \dfrac{df}{db}\cdot\dfrac{d\varphi}{da}\right)$,

$$\frac{d^2 F}{da\,db} - \frac{d^2\varphi}{da\,db}\cdot\frac{dF}{d\varphi} - \frac{d^2 f}{da\,db}\cdot\frac{dF}{df} = 0,$$

ou enfin

$$\frac{d^2 F}{d\varphi^2}\cdot\frac{d\varphi}{da}\cdot\frac{d\varphi}{db} + \frac{d^2 F}{d\varphi\,df}\left(\frac{df}{da}\frac{d\varphi}{db} + \frac{d\varphi}{da}\frac{df}{db}\right) + \frac{d^2 F}{df^2}\cdot\frac{df}{da}\cdot\frac{df}{db} = 0.$$

En remplaçant $\dfrac{d\varphi}{da}, \dfrac{d\varphi}{db}, \dfrac{df}{da}, \dfrac{df}{db}$ par leurs valeurs en fonction de $\varphi$ et de $f$, nous aurons encore, pour déterminer F, une équation linéaire du second ordre.

**28.** Nous avons mentionné cette dernière forme d'équation parce qu'elle peut quelquefois conduire à une forme très-simple. Nous citerons, par exemple, le cas où l'on a

$$\frac{df}{da}\cdot\frac{d\varphi}{db} + \frac{df}{db}\cdot\frac{d\varphi}{da} = 0,$$

auquel cas cette équation devient

$$\frac{d^2 F}{d\varphi^2}\cdot\frac{d\varphi}{da}\cdot\frac{d\varphi}{db} + \frac{d^2 F}{df^2}\cdot\frac{df}{da}\cdot\frac{df}{db} = 0.$$

La même hypothèse, introduite dans l'équation qui lie $f$ et $\varphi$, donne

$$(1 + f^2)\frac{d\varphi}{da}\cdot\frac{d\varphi}{db} + (1 + \varphi^2)\frac{df}{da}\cdot\frac{df}{db} = 0.$$

En divisant membre à membre les deux dernières équations, on obtient

$$(1 + \varphi^2)\frac{d^2 F}{d\varphi^2} = (1 + f^2)\frac{d^2 F}{df^2}.$$

Nous aurons à revenir sur cette équation.

Dans la plupart des cas, c'est l'équation du n° **18** qu'il faut employer, parce qu'on lui applique immédiatement la méthode de Laplace.

Nous croyons devoir rappeler en quelques mots en quoi consiste cette méthode, publiée dans les *Mémoires de l'Académie des Sciences* de 1773.

**29.** Étant donnée une équation linéaire de la forme

$$A\,r + B\,s + C\,t + D\,p + E\,q + F\,z + G = 0,$$

A, B, C, D, E, F, G étant fonctions de $x$ et $y$ seulement, Laplace commence par la transformer en une autre pareillement linéaire et ne contenant que $s$,

$$s + mp + nq + lz + t = 0.$$

Pour cela, il prend deux nouvelles variables indépendantes $\alpha$ et $\beta$, et pose, comme nous avons fait tout à l'heure,

$$p = \frac{dz}{d\alpha} \cdot \frac{d\alpha}{dx} + \frac{dz}{d\beta} \cdot \frac{d\beta}{dx},$$

$$q = \frac{dz}{d\alpha} \cdot \frac{d\alpha}{dy} + \frac{dz}{d\beta} \cdot \frac{d\beta}{dy},$$

$$r = \frac{d^2z}{d\alpha^2} \cdot \left(\frac{d\alpha}{dx}\right)^2 + 2\frac{d^2z}{d\alpha d\beta} \cdot \frac{d\alpha}{dx} \cdot \frac{d\beta}{dx} + \frac{d^2z}{d\beta^2} \cdot \left(\frac{d\beta}{dx}\right)^2 + \frac{dz}{d\alpha} \cdot \frac{d^2\alpha}{dx^2} + \frac{dz}{d\beta} \cdot \frac{d^2\beta}{dx^2},$$

$$s = \frac{d^2z}{d\alpha^2} \cdot \frac{d\alpha}{dx} \frac{d\alpha}{dy} + \frac{d^2z}{d\alpha d\beta}\left(\frac{d\beta}{dy}\frac{d\alpha}{dx} + \frac{d\beta}{dx}\frac{d\alpha}{dy}\right) + \frac{d^2z}{d\beta^2} \cdot \frac{d\beta}{dx}\frac{d\beta}{dy} + \frac{dz}{d\alpha} \cdot \frac{d^2\alpha}{dx\,dy} + \frac{dz}{d\beta} \cdot \frac{d^2\beta}{dx\,dy},$$

$$t = \frac{d^2z}{d\alpha^2}\left(\frac{d\alpha}{dy}\right)^2 + 2\frac{d^2z}{d\alpha d\beta} \cdot \frac{d\alpha}{dy} \cdot \frac{d\beta}{dy} + \frac{d^2z}{d\beta^2}\left(\frac{d\beta}{dy}\right)^2 + \frac{dz}{d\alpha} \cdot \frac{d^2\alpha}{dy^2} + \frac{dz}{d\beta} \cdot \frac{d^2\beta}{dy^2};$$

puis il détermine ces quantités de façon que les coefficients de $\frac{d^2z}{d\alpha^2}$ et $\frac{d^2z}{d\beta^2}$ soient nuls dans l'équation transformée, c'est-à-dire par les deux équations aux dérivées partielles du premier ordre,

$$A\left(\frac{d\alpha}{dx}\right)^2 + B\frac{d\alpha}{dx} \cdot \frac{d\alpha}{dy} + C\left(\frac{d\alpha}{dy}\right)^2 = 0,$$

$$A\left(\frac{d\beta}{dx}\right)^2 + B\frac{d\beta}{dx}\frac{d\beta}{dy} + C\left(\frac{d\beta}{dy}\right)^2 = 0,$$

ou

$$\frac{d\alpha}{dx} = \frac{-B + \sqrt{B^2 - 4AC}}{2A}\frac{d\alpha}{dy},$$

$$\frac{d\beta}{dx} = \frac{-B - \sqrt{B^2 - 4AC}}{2A}\frac{d\beta}{dy}.$$

Quand ces deux dernières peuvent être intégrées, l'équation

$$A r + B s + C t + \ldots = 0$$

prend la forme

$$s + mp + nq + lz + t = 0.$$

30. Nous remarquerons d'ailleurs que l'on peut supprimer $t$ sans nuire à la généralité de la méthode, pourvu que l'on connaisse une solution particulière $z_1$, ce qui généralement est très-facile. On posera en effet

$$z = z_1 + u,$$

et comme $z_1$ satisfait à la relation

$$s + mp + nq + lz_1 + t = 0,$$

$u$ sera déterminé par l'équation sans terme indépendant

$$s + mp + nq + lu = 0.$$

31. On sait que dans la composition de l'intégrale de cette équation doivent figurer deux fonctions arbitraires, l'une portant sur $x$ et l'autre sur $y$ seulement. Laplace démontre que cette intégrale, si elle existe, est linéaire par rapport à l'une de ces deux fonctions arbitraires et à ses dérivées successives. C'est-à-dire qu'elle est de la forme

$$z = R + A\varphi(x) + A_1\varphi'(x) + A_2\varphi''(x) + \ldots,$$

ou

$$z = S + B\psi(y) + B_1\psi'(y) + B_2\psi''(y) + \ldots,$$

$R$, $A$, $A_1$, $A_2$, ..., dans la première, ou $S$, $B$, $B_1$, $B_2$, ..., dans la seconde, renfermant d'une certaine façon celle des deux variables qui ne figure pas explicitement dans l'expression de $z$.

32. Laplace commence par donner des règles permettant de déterminer à l'avance le nombre des termes dont se compose cette expression. Il pose

$$\mu_1 = l - \frac{dm}{dx} - mn,$$

$$m_1 = m - \frac{\frac{d\mu_1}{dy}}{\mu_1},$$

$$l_1 = \mu_1 + mn - n\frac{\frac{d\mu_1}{dy}}{\mu_1} + \frac{dn}{dy},$$

$$\mu_2 = l_1 - \frac{dm_1}{dx} - m_1 n.$$

En général,

$$\mu_r = l_{r-1} - \frac{dm_{r-1}}{dx} - nm_{r-1},$$

$$m_r = m_{r-1} - \frac{\frac{d\mu_r}{dy}}{\mu_r},$$

$$l_r = \mu_r + nm_{r-1} - n\frac{\frac{d\mu_r}{dy}}{\mu_r} + \frac{dn}{dy},$$

$$\mu_{r+1} = l_r - \frac{dm_r}{dx} - nm_r;$$

et selon que l'on a

$$\mu_1 = 0, \quad \mu_2 = 0, \ldots \quad \mu_r = 0,$$

$z$ est de la forme

$$z = A\varphi(x),$$
$$z = A\varphi(x) + A_1\varphi'(x),$$
$$\ldots \ldots \ldots \ldots \ldots \ldots$$
$$z = A\varphi(x + A_1\varphi'(x) + \ldots + A_r\varphi^r(x).$$

33. Pour l'application de la méthode, il faudra chercher à trouver une loi de formation des quantités $\mu_1$, $\mu_2$,...$\mu_r$ en fonction de $r$; et alors on détermine le rang du dernier terme en posant

$$\mu_r = 0;$$

sinon on fera une suite d'essais en formant $\mu_1$, $\mu_2$,... successivement; mais dans ce cas on pourra être conduit à exécuter un nombre d'essais considérable sans obtenir autre chose qu'un résultat négatif.

La détermination de la valeur $r$ est la seule partie délicate de la méthode; quand cette valeur est trouvée, il est aisé de former l'intégrale générale par un procédé régulier et toujours le même.

Remarquons, en effet, que l'équation peut être mise sous la forme

$$\frac{d}{dx}\left(\frac{dz}{dy} + m\,z\right) + n\left(\frac{dz}{dy} + mz\right) + z\left(l - \frac{dm}{dx} - nm\right) = 0,$$

ou, en posant

$$z_1 = \frac{dz}{dy} + mz,$$

$$\frac{dz_1}{dy} + nz_1 + \mu_1 = 0.$$

De même, en faisant

$$z_2 = \frac{dz_1}{dy} + m_1 z_1,$$

$$z_3 = \frac{dz_2}{dy} + m_2 z_2,$$

$$\dots\dots\dots\dots\dots\dots\dots$$

$$z_r = \frac{dz_{r-1}}{dy} + m_{r-1} z_{r-1},$$

on aura

$$\frac{dz_2}{dx} + nz_2 + \mu_2 = 0,$$

$$\frac{dz_3}{dx} + nz_3 + \mu_3 = 0,$$

$$\dots\dots\dots\dots\dots\dots$$

$$\frac{dz_r}{dx} + nz_r + \mu_r = 0.$$

Or, si $\mu_r = 0$, la dernière équation donne

$$\frac{dz_r}{dx} + nz_r = 0,$$

d'où l'on tire

$$z_r = e^{-\int n\,dx}\,\psi(y),$$

$\psi$ étant une fonction arbitraire; puis de la relation

$$z_r = \frac{dz_{r-1}}{dy} + m_{r-1} z_{r-1}$$

on déduit, en appliquant les formules connues pour l'intégration des équations linéaires à une seule variable,

$$z_{r-1} = e^{-\int m_{r-1} dy} \left[ \varphi(x) + \int dy\, \psi(y) e^{\int m_{r-1} dy - \int n dx} \right];$$

on aura ensuite

$$0 = \frac{dz_{r-1}}{dx} + n z_{r-1} + z_{r-2} \left( l_{-2} - \frac{dm_{r-2}}{dx} - nm_{r-2} \right),$$

d'où

$$z_{r-2} = \frac{\dfrac{dz_{-1}}{dx} + nz_{r-1}}{nm_{r-2} + \dfrac{dm_{r-2}}{dx} - l_{r-2}},$$

puis

$$z_{r-3} = \frac{\dfrac{dz_{r-2}}{dx} + nz_{r-2}}{nm_{r-3} + \dfrac{dm_{r-3}}{dx} - l_{r-3}},$$

et ainsi de suite jusqu'à $z$.

———◆◆◆———

# DEUXIÈME PARTIE.

### § I<sup>er</sup>. *Généralités sur les ombilics.*

**34.** Monge a donné le nom d'*ombilics* aux points d'une surface pour lesquels les deux courbures principales sont égales et de même sens.

Désignons par $\rho_1$ et $\rho_2$ les deux rayons de courbure; ils ont pour valeurs respectives

$$\rho_1 = \frac{D_1}{\sqrt{1 + p^2 + q^2}},$$

$$\rho_2 = \frac{D_2}{\sqrt{1 + p^2 + q^2}},$$

$D_1$ et $D_2$ étant les deux racines de l'équation du second degré

$$[D(1 + p^2) - r][D(1 + q^2) - t] - [pqD - S]^2 = 0.$$

Cette équation a, en général, ses deux racines réelles et inégales; en effet, le coefficient de $D^2$ étant $1 + p^2 + q^2$, on obtient deux changements de signe en substituant successivement, dans le premier membre, à la place de D — $\infty$ , l'une des deux quantités $\dfrac{r}{1+p^2}$ ou $\dfrac{t}{1+q^2}$ et $+\infty$ .

Les deux valeurs de D ne peuvent donc être égales que si l'on a

$$\frac{r}{1+p^2} = \frac{t}{1+q^2} ;$$

mais alors le premier membre de l'équation devient une différence de deux carrés et change de signe quand on substitue, à la place de D, $\dfrac{r}{1+p^2}$ et $\dfrac{s}{pq}$. Donc, pour que l'équation ait ses deux racines égales, il faut égaler le rapport $\dfrac{s}{pq}$ aux deux précédents, ce qui donne la double condition

$$\frac{r}{1+p^2} = \frac{t}{1+q^2} = \frac{s}{pq}.$$

Ces deux équations, jointes à celle de la surface, déterminent les ombilics.

35. En ces points, toutes les sections normales ont même courbure; de telle sorte que l'élément de la surface peut être assimilé à un élément de sphère, ou, pour être plus précis, la surface possède une sphère osculatrice; en d'autres termes encore, l'indicatrice est un cercle.

Les ombilics peuvent aussi être définis comme les points où les deux valeurs de $\dfrac{dy}{dx}$, dans l'équation

$$dy^2 \left[pq\,t - s(1+q^2)\right] + dx\,dy \left[t(1+p^2) - r(1+q^2)\right] + dx^2 \left[s(1+p^2) - pqr\right] = 0,$$

deviennent égales; c'est-à-dire qu'en ces points s'effectue le passage des lignes de courbure d'un des systèmes aux lignes de courbure de l'autre système.

Cette nouvelle définition nous montre que nous pourrons obtenir comme ombilics des points qui n'en sont pas; car, pour que des points se présentent avec ce caractère, il suffit que leur projection sur le plan des $xy$ serve de passage entre les projections sur le même plan des lignes de courbure de l'un à l'autre système.

Tels sont tous les points du contour apparent de l'ellipsoïde par rapport au plan du grand et du petit axe.

En changeant de coordonnées, il sera toujours facile de reconnaître si réellement on a un ombilic.

36. Les ombilics étant déterminés par trois équations, celles du numéro précédent et celles de la surface, leur nombre est en général limité. Ainsi, dans les surfaces qui admettent des sections circulaires, ce sont les sections circulaires évanouissantes. Ils sont au nombre de quatre dans l'ellipsoïde et l'hyperboloïde à

deux nappes, et au nombre de deux seulement dans le paraboloïde elliptique. Dans l'hyperboloïde à une nappe et le paraboloïde hyperbolique, non plus que dans toute autre surface à courbures opposées, il ne peut y avoir d'ombilics.

*A priori*, il semble que toute surface a une infinité d'ombilics constituant une ligne, puisque, pour exprimer l'égalité des racines de l'équation en D, il suffit de poser la condition

$$0 = [t(1 + p^2) - r(1 + q^2)]^2 + 4[pqr - s(1 + p^2)][pqt - S(1 + q^2)].$$

Mais cette équation se décompose en deux, qui sont celles que nous avons posées : elle représente en général une ligne imaginaire à deux branches qui se coupent aux ombilics réels. Cette ligne a été nommée par Monge *ligne des courbures sphériques*, parce que tout le long la surface admet une sphère osculatrice ; elle a pour points doubles les ombilics réels.

Nous allons examiner un certain nombre de cas où cette ligne peut devenir réelle, et nous lui donnerons le nom de *ligne ombilicale*.

## § II. *Surfaces dont tous les points sont des ombilics.*

37. Monge a fait voir qu'il n'y a que la sphère dont tous les points soient des ombilics. M. Bertrand a, depuis, démontré cette proposition par la Géométrie, avec l'élégance qui lui est habituelle. On en trouve encore, dans le *Calcul différentiel* du même auteur, une démonstration analytique très-simple que nous avions également rencontrée, et que nous allons reproduire afin de donner plus d'ensemble à ce Mémoire.

En chaque point de la surface les deux équations

$$\frac{r}{1 + p^2} = \frac{S}{pq},$$

$$\frac{t}{1 + q^2} = \frac{S}{pq}$$

sont satisfaites ; chacune d'elles peut être intégrée immédiatement une première fois.

La première, par exemple, peut être mise sous la forme

$$p\,\frac{\dfrac{dp}{dx}}{1 + p^2} = \frac{\dfrac{dq}{dx}}{q},$$

et donne par l'intégration

$$\sqrt{1 + p^2} = q\,\varphi(y).$$

On a de même

$$\sqrt{1 + q^2} = p\,\psi(x),$$

les fonctions $\varphi$ et $\psi$ étant jusqu'ici arbitraires; mais, en réalité, ces fonctions doivent satisfaire à la relation qui exprime que

$$\frac{dp}{dy} = \frac{dq}{dx}.$$

On a

$$p^2 = \frac{\varphi^2(y) + 1}{\psi'(x)\varphi'(y) - 1},$$

$$q^2 = \frac{\psi^2(x) + 1}{\psi'(x)\varphi^2(y) - 1};$$

on en déduit

$$\frac{dp}{dy} = - \frac{\varphi(y)\varphi'(y)}{\sqrt{1 + \varphi^2(y)}} [1 + \varphi^2(x)] \frac{1}{[\psi^2(x)\varphi^2(y) - 1]^{\frac{3}{2}}},$$

$$\frac{dq}{dx} = - \frac{\psi(x)\psi'(x)}{\sqrt{1 + \psi^2(x)}} [1 + \varphi^2(y)] \frac{1}{[\psi^2(x)\varphi^2(y) - 1]^{\frac{3}{2}}};$$

puis , en égalant les seconds membres et en supprimant le facteur commun $[\psi^2(x)\varphi^2(y) - 1]^{\frac{3}{2}}$,

$$\frac{\varphi(y)\varphi'(y)}{[1 + \varphi^2(y)]^{\frac{3}{2}}} = \frac{\psi(x)\psi'(x)}{[1 + \psi^2(x)]^{\frac{3}{2}}}.$$

Or, une fonction de $y$ ne peut être identiquement égale à une fonction de $x$ que si chacune d'elles se réduit à une constante; donc les deux rapports qui précèdent sont égaux et constants.

On a donc

$$\frac{\varphi(y)\varphi'(y)}{[1 + \varphi^2(y)]^{\frac{3}{2}}} = \frac{\psi(x)\psi'(x)}{[1 + \psi^2(x)]^{\frac{3}{2}}} = -\frac{1}{r}.$$

On tire de là, par l'intégration,

$$\frac{1}{\sqrt{1 + \psi^2(x)}} = \frac{x - \alpha}{r},$$

$$\frac{1}{\sqrt{1 + \varphi^2(y)}} = \frac{y - \beta}{r},$$

$r$, $\alpha$, $\beta$ étant des constantes arbitraires.

Portons dans les expressions de $p$ et $q$ les valeurs de $\psi(x)$ et $\varphi(y)$ déduites des relations précédentes. On trouve

$$p = \frac{x - \alpha}{\sqrt{r^2 - (x - \alpha)^2 - (y - \beta)^2}},$$

$$q = \frac{y - \beta}{\sqrt{r^2 - (x - \alpha)^2 - (y - \beta)^2}};$$

d'où

$$dz = \frac{(x - \alpha)\,dx + (y - \beta)\,dy}{\sqrt{r^2 - (x - \alpha)^2 - (y - \beta)^2}},$$

et en intégrant,

$$z - \gamma = \sqrt{r^2 - (x - \alpha)^2 - (y - \beta)^2}$$

ou

$$(x - \alpha)^2 + (y - \beta)^2 + (z - \gamma)^2 = r^2.$$

Cette équation représente, comme on sait, une sphère de rayon et de positions quelconques. Cette surface jouit donc exclusivement à toute autre de la propriété d'avoir en chaque point ses deux courbures égales et de même sens.

Cette conclusion est complète et rigoureuse, si l'on se borne, comme nous avons intention de le faire, aux surfaces réelles.

## § III. *Surfaces qui peuvent avoir des lignes ombilicales réelles.*

38. Pour qu'une surface ait une ligne ombilicale réelle, il faut que les deux équations qui déterminent les ombilics se réduisent à une seule. Cela pourra avoir lieu si, en ajoutant membre à membre ces équations respectivement multipliées par des facteurs convenables, on forme une nouvelle équation satisfaite pour tous les points de la surface. Mais cette condition n'est suffisante que dans le cas où les facteurs ne s'annulent pour aucune valeur réelle de $x$ et de $y$. Nous sommes donc ainsi conduits à chercher quelles sont les surfaces en tous les points desquelles on a

$$(1) \qquad \lambda\,\frac{r}{1 + p^2} - (\lambda + \lambda')\,\frac{s}{pq} + \lambda'\,\frac{t}{1 + q^2} = 0,$$

c'est-à-dire à intégrer cette équation, $\lambda$ et $\lambda'$ étant des facteurs quelconques qui ne contiennent que $x$, $y$, $z$, $p$, $q$.

Comparons cette équation à celle que nous avons déjà examinée au n° 6,

$$r[(1 + q^2)MN - pq M^2] + s[(1 + p^2)M^2 - (1 + q^2)N^2] - t[(1 + p^2)MN - pq N^2] = 0.$$

Il faut, pour qu'elle lui soit identique, qu'il soit possible de choisir M et N de façon à satisfaire à l'égalité de rapports

$$\frac{(1 + q^2)MN - pq M^2}{\lambda(1 + q^2)pq} = \frac{(1 + q^2)N^2 - (1 + p^2)M^2}{(\lambda + \lambda')(1 + p^2)(1 + q^2)} = \frac{pq N^2 - (1 + p^2)MN}{\lambda'(1 + p^2)pq}.$$

Chassons les dénominateurs et égalons chacun des termes extrêmes à celui du milieu. Nous obtenons l'équation unique

$$(2) \qquad \lambda'(1 + p^2)pq M^2 + \lambda(1 + q^2)pq N^2 - (\lambda + \lambda')(1 + p^2)(1 + q^2)MN = 0.$$

Cette équation donne, pour le rapport $\dfrac{M}{N}$, les deux valeurs

$$\frac{M}{N} = \frac{(\lambda + \lambda')(1 + p^2)(1 + q^2) \pm \sqrt{(\lambda + \lambda')^2(1 + p^2)^2(1 + q^2)^2 - 4\lambda\lambda'(1 + p^2)(1 + q^2)p^2 q^2}}{2\lambda'(1 + p^2)pq}.$$

En les séparant et remplaçant $\dfrac{M}{N}$ par $\dfrac{dq}{dp}$, nous aurons deux équations aux diffé-rentielles ordinaires qui seront les équations différentielles des enveloppées prin-cipales des deux systèmes. L'ensemble de ces deux genres d'enveloppées est représenté par l'équation

$$(3) \qquad \lambda(1 + q^2)dp^2 + \lambda'(1 + p^2)dq^2 - (\lambda + \lambda')\frac{(1 + p^2)(1 + q^2)}{pq}\,dp\,dq = 0.$$

39. Si $\lambda$ et $\lambda'$ ne contiennent que $p$ et $q$, on conçoit qu'il est toujours possible d'intégrer ces équations différentielles; mais on ne peut pas former une expression générale de l'intégrale tant que les valeurs de $\lambda$ et de $\lambda'$ restent indéterminées. Nous nous bornerons donc à étudier quelques cas simples. Connaissant la nature des enveloppées principales, une de nos deux méthodes nous fournira, quand elle existe, l'équation générale des surfaces, *à lignes ombilicales*, représentée par l'équation proposée. Mais nous choisirons ces exemples de façon à montrer que, même dans des cas où l'on peut avoir l'équation la plus générale des enveloppées principales, il n'est pas toujours possible de mettre sous forme finie l'intégrale générale de l'équation proposée et que cette impossibilité est dans la nature des choses.

40. *Premier exemple.* — Nous avons déjà traité le cas où l'on fait $\lambda = 1 + p^2$, $\lambda' = -(1 + q^2)$; ce qui donne

$$\frac{r - t}{p^2 - q^2} = \frac{s}{pq}.$$

Faisons maintenant $\lambda' = 0$. L'équation (1) devient

$$\frac{r}{1 + p^2} = \frac{s}{pq};$$

l'équation (3) nous donne

$$(4) \qquad dp = 0,$$

et

$$(5) \qquad dp - \frac{1 + p^2}{pq}\,dq = 0.$$

*Première méthode.* — L'équation (4) fournit

$$(6) \qquad \begin{cases} p = \alpha, \\ z = \alpha x + \varphi(y, \alpha). \end{cases}$$

De cette équation et de sa dérivée par rapport à $\alpha$

$$(7) \qquad 0 = x + \frac{d\varphi}{d\alpha},$$

tirons le rapport $\frac{dy}{dx}$ pour le porter dans l'équation générale des lignes de courbure, qui se réduit dans ce cas à

$$dy^2 . pq + dx\,dy(1 + p^2) = 0,$$

et se décompose dans les deux suivantes :

$$(8) \qquad \begin{cases} \dfrac{dy}{dx} = 0, \\[2mm] \dfrac{dy}{dx} = -\dfrac{1 + p^2}{pq}. \end{cases}$$

La première de ces équations nous apprend que toutes les lignes de courbure de l'un des systèmes sont parallèles au plan $zx$. Nous devons donc retomber sur des résultats déjà trouvés, sauf le changement d'axes, car nous avons vu que l'équation

$$\frac{r - t}{p^2 - q^2} = \frac{s}{pq}$$

représente toutes les surfaces dont les lignes de courbure de l'un des systèmes sont parallèles au plan $xy$.

Les équations (6) et (7) nous donnent

$$\frac{dy}{dx} = -\frac{1}{\dfrac{d^2\varphi}{d\alpha\,dy}}.$$

Il faut égaler cette valeur à l'une des deux fournies par les équations (8). En égalant à la première, on exprime que $\varphi$ est indépendant de $y$; les surfaces correspondantes sont des cylindres dont les génératrices sont parallèles à l'axe des $y$.

En égalant à la seconde, il vient

$$(1 + p^2) \frac{d^2\varphi}{d\alpha\,dy} = pq,$$

ou, en remplaçant $p$ par sa valeur $\alpha$,

$$(1 + \alpha^2) \frac{d^2\varphi}{d\alpha\,dy} = \alpha \frac{d\varphi}{dy}.$$

Cette équation est intégrable facilement, comme celles que nous avons déjà

5.

traitées ; nous avons pour représenter l'intégrale cherchée

$$z = \alpha x + \sqrt{1 + \alpha^2}\, f(\gamma) + F(\alpha),$$

$$0 = x + \frac{\alpha}{\sqrt{1 + \alpha^2}}\, f(\gamma) + F'(\alpha).$$

Ce système n'est autre que celui déjà obtenu au n° 9 avec le seul changement de $y$ en $z$ et de $z$ en $\gamma$.

Nous aurions pu faire usage de l'équation (5) des enveloppées du deuxième système en la combinant avec l'autre solution des lignes de courbure

$$\frac{d\gamma}{dx} = 0.$$

**41.** *Deuxième méthode.* — Des équations (4) et (5), nous tirons

$$p = \alpha, \quad \sqrt{1 + p^2} = q\beta,$$

ou, en prenant les notations du § II,

$$\varphi = \alpha, \quad \sqrt{1 + \varphi^2} = f\beta;$$

nous en tirons

$$\frac{d\varphi}{d\alpha} = 1, \qquad\qquad \frac{d\varphi}{d\beta} = 0;$$

$$\frac{df}{d\alpha} = \frac{\alpha}{\beta\sqrt{1 + \alpha^2}}, \qquad \frac{df}{d\beta} = -\frac{\sqrt{1 + \alpha^2}}{\beta^2};$$

$$\frac{d^2\varphi}{d\alpha\, d\beta} = 0, \qquad\qquad \frac{d^2 f}{d\alpha\, d\beta} = -\frac{\alpha}{\beta^2 \sqrt{1 + \alpha^2}}.$$

En portant ces valeurs dans l'équation $(\gamma)$, n° **18**, on obtient

$$\frac{d^2 F}{d\alpha\, d\beta} = \frac{\alpha}{1 + \alpha^2} \cdot \frac{dF}{d\beta};$$

puis, en intégrant deux fois cette équation, on trouve que la proposée est représentée par le système des trois équations

$$z = \alpha x + \frac{\sqrt{1 + \alpha^2}}{\beta}\, y + \psi(\alpha) + \sqrt{1 + \alpha^2}\, \varpi(\beta),$$

$$0 = x + \frac{\alpha}{\beta\sqrt{1 + \alpha^2}}\, y + \psi'(\alpha) + \frac{\alpha}{\sqrt{1 + \alpha^2}}\, \varpi(\beta),$$

$$0 = -\frac{\sqrt{1 + \alpha^2}}{\beta^2}\, y + \sqrt{1 + \alpha^2}\, \varpi'(\beta),$$

système d'où il est aisé de déduire celui des deux équations du numéro précédent par un calcul tout semblable à celui que nous avons exécuté au n° **23**.

42. L'équation

$$\frac{r}{1+p^2} = \frac{s}{pq}$$

qui vient de nous servir d'exemple, et qui nous a donné pour intégrale première

$$\sqrt{1+p^2} = qf(y),$$

pourrait être intégrée complétement par les méthodes habituelles. On peut, par exemple, lui appliquer les formules d'Hamilton. La présence de la fonction arbitraire $f(y)$ n'empêche pas l'intégration. On trouve ainsi pour intégrale complète

$$(z - c)^2 + (x - a)^2 = f(y),$$

$a$ et $b$ étant deux constantes arbitraires.

Ce résultat étant connu, il est aisé d'y arriver très-simplement *à posteriori*. En effet, l'équation d'une sphère quelconque

$$(z - c)^2 + (x - a)^2 + (y - b)^2 = r^2$$

satisfait évidemment à l'équation différentielle. Effectuons les calculs par lesquels on le vérifie : nous sommes conduits à écrire les relations

$$(z - c)\, p + (x - a) = 0,$$
$$(z - c)\, q + (y - b) = 0,$$

d'où

$$(z - c)\, r + 1 + p^2 = 0,$$
$$(z - c)\, s + pq = 0,$$
$$\frac{r}{1+p^2} = \frac{s}{pq} = -\frac{1}{z - c}.$$

Or, il est évident que dans tous ces calculs une fonction arbitraire de $y$ eût joué le même rôle que $(y - b)^2$. En effectuant cette substitution, nous obtenons notre intégrale complète

$$(z - c)^2 + (x - a)^2 = f(y).$$

Nous en déduirons l'intégrale la plus générale, par la méthode de Lagrange, en regardant l'une des constantes comme une fonction arbitraire de l'autre, et prenant la dérivée par rapport à celle-ci.

Nous obtenons ainsi pour système intégral, en remplaçant $f(y)$ par $2f(y)$ pour la commodité des calculs,

$$(z - a)^2 + [x - \varphi(a)]^2 = 2f(y),$$
$$z - a + [x - \varphi(a)]\varphi'(a) = 0.$$

Il serait aisé, d'ailleurs, de montrer la concordance qui existe entre ce système et le système précédemment obtenu.

43. La forme actuelle de ces équations met en évidence un autre mode de gé-

nération des surfaces; c'est l'enveloppe décrite par une surface de révolution constante de forme qui se déplace parallèlement à elle-même de manière que son centre décrive une courbe plane quelconque située dans un plan perpendiculaire à l'axe de révolution.

Ce résultat est énoncé par Monge sous la forme suivante, dans le chapitre où il traite des surfaces dont les lignes de courbure de l'un des systèmes sont parallèles à un plan donné :

« Si, sur un cylindre à base quelconque, et dont la droite génératrice soit perpendiculaire au plan donné, on pousse une moulure d'un profil quelconque mais constant et qui ceigne le cylindre parallèlement à sa base, la surface de cette moulure sera la surface générale demandée. »

**44.** Cherchons l'équation de la ligne ombilicale. L'équation différentielle de cette ligne est

$$\frac{t}{1 + q^2} = \frac{s}{pq}.$$

Pour obtenir l'équation en quantités finies, différentions deux fois, par rapport à $x$ et à $y$, les équations du système intégral

$$(z - a)^2 + [x - \varphi(a)]^2 = 2f(y),$$
$$z - a + [x - \varphi(a)]\varphi'(a) = 0.$$

Nous obtenons ainsi

$$(z - a)p + [x - \varphi(a)] = 0,$$
$$(z - a)q = f'(y);$$
$$(z - a)r + 1 + p^2 - [p + \varphi'(a)]\frac{da}{dx} = 0,$$
$$(z - a)s + pq - [p + \varphi'(a)]\frac{da}{dy} = 0,$$
$$(z - a)t + q^2 - f''(y) - q\frac{da}{dy} = 0;$$

tirons, des deux dernières de ces équations, la différence $\dfrac{t}{1 + q^2} - \dfrac{s}{pq}$ et égalons-la à $0$; nous trouvons pour l'équation cherchée

$$\frac{f''(y) + 1 + q\dfrac{da}{dy}}{1 + q^2} = \frac{p + \varphi'(a)}{pq}\frac{da}{dy};$$

ou, en remplaçant $\dfrac{da}{dy}$ par sa valeur,

$$\frac{da}{dy} = \frac{q}{1 + \varphi'^2 - (x - \varphi)\varphi''},$$

et effectuant les réductions,

$$[f''(y) + 1][1 + \varphi'^2 - (x - \varphi)\varphi'']p = p + \varphi'(1 + q^2).$$

Remplaçons enfin dans cette équation $p$, $q$, $(x - \varphi)$ par leurs valeurs en fonction de $a$ et de $y$ :

$$p = \frac{1}{\varphi'(a)},$$

$$q = -\frac{f'(y)}{\varphi'(a)} \frac{\sqrt{1 + \varphi'^2}}{\sqrt{2f}},$$

$$x - \varphi = \frac{\sqrt{2f}}{\sqrt{1 + \varphi'^2}},$$

nous obtenons l'équation

$$(1 + \varphi'^2)^{\frac{3}{2}} \, (2f.f'' - f'^2) = \varphi'' \, (2f)^{\frac{3}{2}} \, (f'' + 1);$$

cette équation, jointe à celles du système intégral, représente la ligne ombilicale.

45. Comme vérification, supposons que la courbe décrite sur le plan $zx$, par la trace de l'axe de la surface génératrice, soit un cercle; l'enveloppe est elle-même de révolution; on a, dans ce cas,

$$[\varphi(a) - \beta]^2 + (a - \alpha)^2 = r^2,$$

$\alpha$, $\beta$, $r$ étant des constantes; on en déduit

$$\frac{\varphi''}{(1 + \varphi'^2)^{\frac{3}{2}}} = -\frac{1}{r};$$

par conséquent, l'équation de la ligne ombilicale se réduit à

$$r = -\frac{(2f)^{\frac{3}{2}}(f'' + 1)}{2ff'' - f'^2}.$$

Cette ligne se compose donc de parallèles de la surface.

46. Il était aisé de parvenir directement à ce résultat. D'abord, dans une surface de révolution quelconque, si un point est un ombilic, par une raison de symétrie il en est de même tout le long du parallèle engendré par ce point. Donc, s'il y a des lignes ombilicales, ce sont forcément des parallèles. Soient $\rho$ le rayon d'un parallèle, R celui d'une section normale tangente à ce parallèle, R$'$ celui d'un méridien à son point d'intersection avec le même parallèle, $\alpha$ l'angle de la normale à la surface avec l'axe de révolution. On a, en vertu du théorème de Meusnier,

$$\rho = R \sin \alpha;$$

le rapport des deux courbures principales est

$$\frac{R}{R'} = \frac{\rho}{R' \sin \alpha};$$

donc, étant donné un profil quelconque, on peut le faire tourner autour d'un axe situé dans son plan, en l'éloignant de cet axe d'une quantité telle, que pour un point pris à l'avance on ait

$$\frac{R}{R'} = \frac{\rho}{R'\sin\alpha} = 1 ,$$

c'est-à-dire de façon que ce point décrive un parallèle.

En nous reportant au cas que nous avons pris pour vérification, l'équation du profil dans le plan des $zy$ est

$$(x - \beta - r)^2 = 2f(y) ;$$

on en déduit

$$\rho = r + \sqrt{2f(y)},$$

$$R' = \frac{(2f + f'^2)^{\frac{3}{2}}}{2ff'' - f'^2},$$

$$\sin\alpha = \frac{-\sqrt{2f}}{\sqrt{2f + f'2}} :$$

d'où

$$- \frac{2ff'' - f'^2}{2f + f'^2} \frac{r + \sqrt{2f(y)}}{\sqrt{2f}} = 1$$

ou

$$- r = \frac{(\sqrt{2f})^3 (1 + f'')}{2ff'' - f'^2} ,$$

ce qui est le résultat déjà trouvé.

47. *Deuxième exemple.* — Dans l'équation

$$\lambda \frac{r}{1 + p^2} - (\lambda + \lambda') \frac{s}{pq} + \lambda' \frac{t}{1 + q^2} = 0 ,$$

faisons

$$\frac{\lambda}{(1 + p^2)[pq + (1 + q^2)]} + \frac{\lambda'}{(1 + q^2)[pq + (1 + p^2)]} = 0 :$$

il vient, après réductions,

$$[pq + (1 + q^2)] r + (q^2 - p^2) s - [pq + (1 + p^2)] t = 0.$$

L'intégrale générale de cette équation du second ordre représentera une classe de surfaces susceptibles d'avoir des lignes ombilicales réelles; toutefois, comme les facteurs $[pq + (1 + q^2)]$, $[pq + (1 + p^2)]$ s'annulent pour des valeurs réelles de $p$ et de $q$, il y aura lieu de faire une petite *discussion*.

L'équation des lignes de courbure, qui dans ce cas se réduit à

$$(pq + 1 + q^2) dp^2 + (q^2 - p^2) dp\, dq - (pq + 1 + p^2) dq^2 = 0,$$

se décompose dans les deux suivantes :

$$dp + dq = 0,$$
$$[pq + (1 + q^2)]\, dp - [pq + (1 + p^2)]\, dq = 0.$$

La première de ces deux équations donne, par deux intégrations, pour les enveloppées développables de l'un des systèmes,

$$p + q = \alpha,$$

puis

$$z - \alpha x = \varphi(z - \alpha y).$$

Cette équation, pour chaque valeur de $\alpha$, représente un cylindre dont les génératrices sont parallèles à une certaine droite située dans le plan bissecteur des plans $zx$ et $zy$; autrement dit, les enveloppées principales de l'un des systèmes sont des cylindres parallèles à un même plan. Nous avons complétement étudié ces surfaces.

Si l'on voulait achever le calcul avec le système actuel de coordonnées et par notre seconde méthode, il faudrait intégrer l'équation différentielle des enveloppées du deuxième système.

Pour cela, on peut prendre pour facteur d'intégrabilité

$$\frac{1}{[2 + (p + q)^2]^{\frac{3}{2}}},$$

et l'on trouve pour l'intégrale

$$\frac{p - q}{[2 + (p + q)^2]^{\frac{1}{2}}} = \beta.$$

**48.** *Troisième exemple.* — Nous prendrons pour dernier exemple l'équation

$$\frac{r}{1 + p^2} = \frac{t}{1 + q^2},$$

que l'on déduit de l'équation (1), n° 38, en y faisant $\lambda = -\lambda'$. Son intégration nous avait été proposée par M. J.-A. Serret; c'est en cherchant à la trouver que nous avons été conduit aux considérations qui précèdent. Quant à la formation de l'intégrale générale, nos efforts n'ont pas été suivis de succès; mais nous sommes arrivés à démontrer que cette intégrale ne peut pas être mise sous forme finie. C'est ce que nous allons établir le plus brièvement possible.

**49.** En séparant les deux facteurs linéaires et en intégrant séparément les deux équations correspondantes, nous trouvons, pour les équations différentielles du

( 42 )

premier ordre des enveloppées principales des deux systèmes,

$$\frac{dp}{\sqrt{1+p^2}} = \pm \frac{dq}{\sqrt{1+q^2}},$$

$(a)$
$$\left(p + \sqrt{1+p^2}\right)\left(q + \sqrt{1+q^2}\right) = \alpha,$$

$(b)$
$$\frac{p + \sqrt{1+p^2}}{q + \sqrt{1+q^2}} = \beta,$$

$\alpha$ et $\beta$ étant des constantes arbitraires.

50. L'application de la première méthode nous conduirait à intégrer l'une de ces équations; mais elle serait inefficace, parce que l'intégrale ne se compose pas d'une équation unique renfermant la fonction arbitraire d'une manière explicite : elle se compose du système des deux équations

$$z^2 + (x - a)^2 + [y - \varphi(a)]^2 + 2\Lambda(x - a)[y - \varphi(a)] = 0,$$
$$x - a + [y - \varphi(a)]\varphi'(a) + 2\Lambda[y - \varphi(a) + (x - a)\varphi'(a)] = 0,$$

$\Lambda$ étant une constante qui dépend de $\alpha$ ou de $\beta$ (*).

---

(*) On peut parvenir à cette intégrale par les méthodes ordinaires, par celle d'Hamilton par exemple. Prenons

$$\left(p + \sqrt{1+p^2}\right)\left(q + \sqrt{1+q^2}\right) = \alpha,$$

on en déduit

$$4\alpha^2(p^2 + q^2) + 4\alpha(\alpha^2 + 1)pq - (\alpha^2 - 1)^2 = 0,$$

puis

$$p = -\frac{\alpha^2 + 1}{2\alpha}\, q + \frac{\alpha^2 - 1}{2\alpha}\sqrt{q^2 + 1}.$$

Mettons à part, selon la notation de Jacobi, l'une des variables, $x$ par exemple, que nous désignerons par $t$; puis, désignons par $q$ la variable restante et par $p$ la dérivée partielle correspondante; l'équation précédente prend la forme

$$\frac{dz}{dt} = \frac{1}{2\alpha}\left[\alpha^2\left(\sqrt{p^2 + 1} - p\right) - p - \sqrt{p^2 + 1}\right].$$

On sait qu'en désignant par H le second membre, il faut poser les équations canoniques

$$\frac{dq}{dt} = -\frac{dH}{dp}, \quad \frac{dp}{dt} = \frac{dH}{dq},$$

exprimer au moyen de ces équations $p$ et $q$ en fonction de $t$, puis former l'intégrale

$$z = \int_{t_0}^{t} (p\,dq + H\,dt).$$

Dans le cas actuel,

$$\frac{dp}{dt} = 0, \quad \frac{dq}{dt} = \frac{1}{2\alpha}\left[\frac{\alpha^2\left(\sqrt{1+p^2} - p\right) + \sqrt{1+p^2} + p}{\sqrt{1+p^2}}\right].$$

**51.** Appliquons la seconde méthode.

On tire des équations $(a)$ et $(b)$

$$p = \frac{\alpha\beta - 1}{2\sqrt{\alpha\beta}},$$

$$q = \frac{\alpha - \beta}{2\sqrt{\alpha\beta}};$$

d'où

$$p = c,$$

$$q = \frac{1}{2\alpha}\,\frac{\alpha^2\left(\sqrt{1+p^2} - p\right) + \sqrt{1+p^2} + p}{\sqrt{1+p^2}}\,t,$$

$$dq = \frac{1}{2\alpha}\,\frac{\alpha^2\left(\sqrt{1+p^2} - p\right) + \sqrt{1+p^2} + p}{\sqrt{1+p^2}}\,dt,$$

$$z = \frac{1}{2\alpha}\int_{t_0}^{t}\left[\frac{\alpha^2\left(\sqrt{1+c^2} - c\right) + \sqrt{1+c^2} + c}{\sqrt{1+c^2}}\,c + \alpha^2\left(\sqrt{1+c^2} - c\right) - \sqrt{1+c^2} - c\right]dt = \frac{\alpha^2 - 1}{2\alpha}\cdot\frac{t - t_0}{\sqrt{1+c^2}},$$

la constante $c$ devant être remplacée par sa valeur en fonction de $t$, $q$ et de la valeur de $q$ correspondante à $t_0$. On obtient ainsi

$$\frac{q - q_0}{t - t_0} - \frac{\alpha^2 + 1}{2\alpha} = -\frac{\alpha^2 - 1}{2\alpha}\,\frac{c}{\sqrt{1+c^2}}$$

ou

$$\left(\frac{\alpha^2 - 1}{2\alpha}\right)^2\frac{c^2}{1+c^2} = \left(\frac{q - q_0}{t - t_0} - \frac{\alpha^2 + 1}{2\alpha}\right)^2,$$

et en ajoutant de part et d'autre $\left(\dfrac{\alpha^2 - 1}{2\alpha}\right)^2$,

$$\left(\frac{\alpha^2 - 1}{2\alpha}\right)^2 - \left(\frac{q - q_0}{t - t_0} - \frac{\alpha^2 + 1}{2\alpha}\right)^2 = \left(\frac{\alpha^2 - 1}{2\alpha}\right)^2\frac{1}{1+c^2}.$$

Remplaçons le second membre de cette équation par le premier dans l'équation

$$z^2 = \left(\frac{\alpha^2 - 1}{2\alpha}\right)^2\frac{(t - t_0)^2}{1 + c^2},$$

il vient

$$z^2 = \left(\frac{\alpha^2 - 1}{2\alpha}\right)^2(t - t_0)^2 - \left[q - q_0 - \frac{\alpha^2 + 1}{2\alpha}(t - t_0)\right]^2$$

$$= -\left[\frac{(t - t_0)}{\alpha} + (q - q_0)\right]\left[\alpha(t - t_0) - (q - q_0)\right],$$

ou enfin, en reprenant nos premières notations,

$$z^2 + (x - x_0)^2 + (y - y_0)^2 + \frac{\alpha^2 + 1}{2\alpha}(x - x_0)(y - y_0) = 0.$$

Le signe $-$ pris devant le radical de l'équation différentielle nous eût conduits à la même intégrale; et l'équation

$$\frac{p + \sqrt{1+p^2}}{q + \sqrt{1+q^2}} = \beta$$

à l'équation

$$z^2 + (x - x_0)^2 + (y - y_0)^2 - \frac{\beta^2 + 1}{\beta}(x - x_0)(y - y_0) = 0,$$

qui ne diffère pas de l'équation intégrale déjà obtenue.

6.

( 44 )

puis

$$\frac{dp}{d\alpha} = \frac{1}{4} \frac{\alpha\beta + 1}{\alpha\beta^{\frac{3}{2}}} \beta,$$

$$\frac{dp}{d\beta} = \frac{1}{4} \frac{\alpha\beta + 1}{\alpha\beta^{\frac{3}{2}}} \alpha,$$

$$\frac{dq}{d\alpha} = \frac{1}{4} \frac{\alpha + \beta}{\alpha\beta^{\frac{3}{2}}} \beta,$$

$$\frac{dq}{d\beta} = -\frac{1}{4} \frac{\alpha + \beta}{\alpha\beta^{\frac{3}{2}}} \alpha;$$

$$\frac{d^2 p}{d\alpha\,d\beta} = \frac{1}{8} \frac{\alpha\beta - 1}{\alpha\beta^{\frac{3}{2}}},$$

$$\frac{d^2 q}{d\alpha\,d\beta} = \frac{1}{8} \frac{\beta - \alpha}{\alpha\beta^{\frac{3}{2}}}.$$

Portons ces valeurs dans l'équation

$$0 = \frac{d^2 F}{d\alpha\,d\beta}\left(\frac{dp}{d\alpha}\frac{dq}{d\beta} - \frac{dp}{d\beta}\frac{dq}{d\alpha}\right) + \frac{dF}{d\alpha}\left(\frac{dp}{d\beta}\frac{d^2 q}{d\alpha\,d\beta} - \frac{dq}{d\beta}\frac{d^2 p}{d\alpha\,d\beta}\right)$$

$$+ \frac{dF}{d\beta}\left(\frac{dq}{d\alpha}\frac{d^2 p}{d\alpha\,d\beta} - \frac{dp}{d\alpha}\frac{d^2 q}{d\alpha\,d\beta}\right);$$

celle-ci devient, après réductions,

$$(c) \qquad \frac{d^2 F}{d\alpha\,d\beta} - \frac{1}{2}\frac{\alpha(\beta^2 - 1)}{\beta(\alpha\beta + 1)(\alpha + \beta)}\frac{dF}{d\alpha} - \frac{1}{2}\frac{\beta(\alpha^2 - 1)}{\alpha(\alpha\beta + 1)(\alpha + \beta)}\frac{dF}{d\beta} = 0.$$

Nous sommes conduits à intégrer cette équation linéaire, qui se trouve mise sous la forme à laquelle la méthode de Laplace est immédiatement applicable; puis, quand F sera connue, l'intégrale cherchée sera représentée par le système des trois équations

$$z = F(\alpha, \beta) + px + qy,$$

$$0 = \frac{dF}{d\alpha} + x\frac{dp}{d\alpha} + y\frac{dq}{d\alpha},$$

$$0 = \frac{dF}{d\beta} + x\frac{dp}{d\beta} + y\frac{dq}{d\beta}.$$

Il est évident que les intégrales des équations $(c)$ et $\dfrac{p}{1 + p^2} = \dfrac{t}{1 + q^2}$ sont ensemble de forme finie ou non finie.

52. Cherchons à appliquer la méthode de Laplace à l'équation $(c)$; il faut, en

reprenant les notations des n°ˢ 29 et suivants, faire dans cette équation

$$m = -\frac{x(y^2-1)}{2y(xy+1)(x+y)},$$

$$n = -\frac{y(x^2-1)}{2x(xy+1)(x+y)}.$$

Ces valeurs ont entre elles deux relations très-remarquables ; on a

$$\frac{dm}{dx} = \frac{dn}{dy} = 2mn = \frac{(x^2-1)(y^2-1)}{2(xy+1)^2(x+y)^2}.$$

53. Ces relations vont nous permettre de trouver la loi de formation des termes $\mu_1, \mu_2, \ldots, \mu_r$.

J'écris le tableau des valeurs $\mu_r$, $m_r$, $l_r$. En faisant successivement $r$ égal à 1, 2, 3, on a

$$\mu_1 = -3mn, \quad m_1 = -\left(m + \frac{1}{m}\frac{dm}{dy}\right), \quad l_1 = -2mn - \frac{n}{m}\frac{dm}{dy},$$

$$\mu_2 = +5mn, \quad m_2 = -\left(3m + \frac{2}{m}\frac{dm}{dy}\right), \quad l_2 = 4mn - \frac{2n}{m}\frac{dm}{dy},$$

$$\mu_3 = +21mn, \quad m_3 = -\left(5m + \frac{3}{m}\frac{dm}{dy}\right), \quad l_3 = 18mn - \frac{3n}{m}\frac{dm}{dy}.$$

Ces valeurs suivent la loi de formation exprimée par les formules

$$\mu_r = [4r(r-1) - 3]mn,$$

$$m_r = -(2r-1)m - \frac{r}{m}\frac{dm}{dy},$$

$$l_r = 2r(2r-3)mn - r\frac{n}{m}\frac{dm}{dy};$$

or, il est facile de démontrer que si ces formules ont lieu pour une valeur de $r$, elles ont aussi lieu pour $(r+1)$ : donc la loi est générale.

Le nombre des termes qui entrent dans la valeur de $z$ est donc racine de l'équation du second degré en $r$

$$4r(r-1) - 3 = 0,$$

ou

$$4r^2 - 4r - 3 = 0;$$

mais les racines de cette équation sont $\frac{3}{2}$ et $-\frac{1}{2}$. La valeur de $\mu_r$ ne pouvant jamais s'annuler pour une valeur entière de $r$, il en résulte que *l'intégrale de l'équation* $\frac{r}{1+p^2} = \frac{t}{1+p^2}$ *ne peut pas être mise sous forme finie.*

On peut néanmoins trouver une infinité d'intégrales avec cinq constantes arbitraires, et si l'on cherchait à déduire de l'une d'elles l'intégrale la plus générale par la méthode de Lagrange, tous les efforts seraient infructueux : cela nous est arrivé à nous-même. C'est seulement après une foule de tâtonnements de cette nature que nous avons cherché à démontrer l'impossibilité de la solution.

54. Nous avons déjà trouvé pour équation des enveloppées principales de l'un des systèmes

$$(d) \qquad z^2 + (x - x_0)^2 + (y - y_0)^2 + \frac{\alpha^2 + 1}{\alpha}\,(x - x_0)(y - y_0) = 0.$$

Cette équation est une solution de l'équation différentielle donnée. En effet, différentions deux fois par rapport à $x$ et par rapport à $y$, en posant, pour abréger, $\dfrac{\alpha^2 + 1}{\alpha} = m$, on a

$$zp + (x - x_0) + m(y - y_0) = 0,$$
$$zq + y - y_0 + m(x - x_0) = 0,$$
$$zr + p^2 + 1 = 0,$$
$$zt + q^2 + 1 = 0;$$

on déduit de là

$$\frac{r}{p^2 + 1} = \frac{t}{q^2 + 1} = -\frac{1}{z}.$$

Il est facile d'ailleurs de voir que chacune des équations

$$\left(p + \sqrt{1 + p^2}\right)\left(q + \sqrt{1 + q^2}\right) = \alpha,$$
$$p + \sqrt{1 + p^2} = \beta\left(q + \sqrt{1 + q^2}\right)$$

est une intégrale particulière du premier ordre de l'équation $\dfrac{r}{1 + p^2} = \dfrac{t}{1 + q^2}$.

Donc toutes les surfaces développables représentées par les deux premières équations satisfont à la proposée ; si l'on ordonne l'équation $(d)$ et si l'on remplace $z$ par $z - z_0$, les coefficients par des constantes quelconques, les calculs de vérification qui précèdent s'exécutent de la même manière, et l'équation

$$x^2 + y^2 + z^2 + 2axy + 2bx + 2cy + 2dz + e = 0$$

est une intégrale avec cinq constantes de l'équation

$$\frac{r}{1 + p^2} = \frac{t}{1 + q^2}.$$

55. Nous allons faire connaître un autre moyen d'arriver à cette intégrale, parce que nous aurons occasion, chemin faisant, de montrer qu'un certain système de deux équations simultanées aux dérivées partielles, de forme très-simple, que nous avons nous-même rencontré plusieurs fois avec espoir de l'intégrer, n'a pas de système intégral susceptible d'une forme finie, et que les moindres remarques sur ce genre d'équations nous semblent bonnes à noter.

Nous avons vu qu'en chaque point des surfaces représentées par l'équation $\dfrac{r}{1 + p^2} = \dfrac{t}{1 + q^2}$, on a

$$p = \frac{\alpha\beta - 1}{2\sqrt{\alpha\beta}},$$

$$q = \frac{\alpha - \beta}{2\sqrt{\alpha\beta}},$$

$\alpha$ et $\beta$ ayant des valeurs déterminées pour ce point. Si on connaissait la forme générale de $\alpha$ et de $\beta$ en fonction de $x$ et de $y$, nous obtiendrions l'intégrale générale cherchée par l'intégration simple

$$z = \int (pdx + qdy).$$

Nous formerons les équations qui doivent fournir $\alpha$ et $\beta$ en écrivant que $p$ et $q$ satisfont à l'équation différentielle donnée et à la relation $\dfrac{dp}{dy} = \dfrac{dq}{dx}$ ; on obtient ainsi les deux équations

$$\frac{\dfrac{d\alpha}{dx}}{\alpha\beta + 1} = \frac{\dfrac{d\alpha}{dy}}{\alpha + \beta},$$

$$\frac{\dfrac{d\beta}{dx}}{\alpha\beta + 1} = -\frac{\dfrac{d\beta}{dy}}{\alpha + \beta}$$

L'intégration de ce système d'équations et celle de l'équation $\dfrac{r}{1 + p^2} = \dfrac{t}{1 + q^2}$ ne sont donc au fond qu'une seule et même question. Donc l'impossibilité que nous avons démontrée pour la dernière intégration a pareillement lieu pour la première. Une solution particulière de ces équations est

$$\alpha = c,$$
$$(\alpha\beta + 1)x + (\alpha + \beta)y = \varphi(\beta),$$

$c$ étant une constante et $\varphi$ une fonction arbitraire.

Prenons en particulier

$$\alpha = c,$$
$$(\alpha\beta + 1)x - (\alpha + \beta)y = m\beta + n,$$

$m$ et $n$ étant des constantes. On en tire

$$\beta = -\frac{x - cy - n}{cx - y - m},$$

d'où

$$\alpha\beta - 1 = -\frac{2cx - (c^2 + 1)y - cn - m}{cx - y - m},$$

$$\alpha - \beta = -\frac{2cy - (c^2 + 1)x + cm + n}{cx - y - m}.$$

Posons

$$cx - y = u, \quad du = c\,dx - dy,$$
$$x - cy = v, \quad dv = dx - c\,dy.$$

On a

$$- dz = \frac{(u - m)\,dv + (v - n)\,du}{2\sqrt{-c}\,\sqrt{(v - n)(u - m)}},$$

et en intégrant,

$$- z + p = \frac{1}{\sqrt{-c}}\sqrt{(v - n)(u - m)},$$

puis élevant au carré et remplaçant $m$ et $n$ par leurs valeurs,

$$c(z - p)^2 + cz^2 + cy^2 - (c^2 + 1)xy - (m + nc)x + (n + mc)y + mn = 0,$$

équation qui ne diffère que par la forme des constantes de l'équation

$$z^2 + x^2 + y^2 + 2a\,xy + 2bx + 2cy + 2dz + e = 0.$$

56. Cette équation représente toutes les surfaces du second ordre qui ont leurs sections circulaires respectivement parallèles au plan des $zx$ et au plan des $zy$. Ces surfaces n'ont pas de ligne ombilicale réelle; la ligne fournie par l'équation

$$\frac{r}{1 + p^2} = \frac{s}{pq}$$

est le contour apparent de la surface par rapport au plan $xy$. Ce résultat n'est pas étonnant; on sait, en effet, que la projection de cette ligne sert de passage entre les projections des lignes de courbure de l'un des systèmes et celles des lignes de courbure de l'autre.

57. Bien que nous ne puissions pas trouver l'intégrale générale de l'équation

$$\frac{r}{1 + p^2} = \frac{t}{1 + q^2},$$

l'étude de cette équation elle-même va nous fournir une propriété remarquable commune à toutes les surfaces qu'elle représente. On peut, en effet, mettre cette équation sous la forme

$$\frac{d\,\text{arc tang}\,p}{dx} = \frac{d\,\text{arc tang}\,q}{dy}.$$

Soient M un point de la surface, MX la section par un plan parallèle au plan $zx$, MY la section parallèle au plan $zy$; $\alpha$, $\beta$ les angles respectifs des tangentes à ces courbes avec les axes $ox$ et $oy$, $\rho$ et $\rho'$ les rayons de courbure de ces courbes,

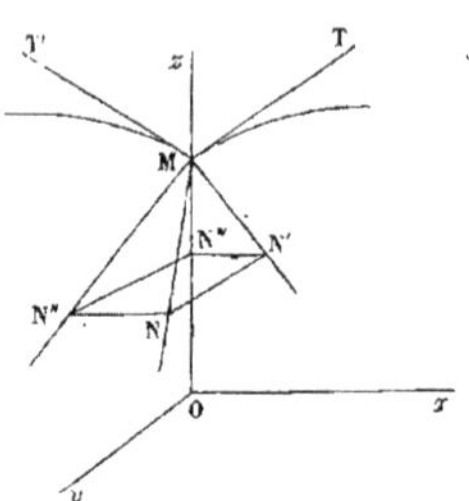


on a

$$\text{arc tang } p = \alpha,$$
$$\text{arc tang } q = \beta,$$
$$dx = ds \cos\alpha,$$
$$dy = ds' \cos\beta.$$

La relation précédente peut donc être mise sous la forme

$$\frac{d\alpha}{ds \cos\alpha} = \frac{d\beta}{ds' \cos\beta},$$

ou, en vertu des relations

$$\frac{d\alpha}{ds} = \frac{1}{\rho}, \quad \frac{d\beta}{ds'} = \frac{1}{\rho'},$$

sous la forme

$$\frac{1}{\rho \cos\alpha} = \frac{1}{\rho' \cos\beta},$$

d'où l'on déduit enfin

$$\rho \cos\alpha = \rho' \cos\beta.$$

Cette équation nous indique que les deux centres de courbure $o'$ et $o''$ se projettent sur l'axe des $z$ au même point $N'''$ : on déduit aisément de là que les sections normales tangentes à MX et MY ont même rayon de courbure; les tangentes aux lignes de courbure sont donc les bissectrices des angles formés par les droites MT, MT'. Ainsi, toute surface représentée par l'équation

$$\frac{r}{1 + p^2} = \frac{t}{1 + q^2}$$

jouit de cette propriété :

58. *Si, en un point quelconque, on mène le plan tangent et deux plans respectivement parallèles à deux plans fixes, ceux-ci coupent le premier suivant deux droites dont les angles sont bissectés par les tangentes aux deux lignes de courbure passant par le point donné.*

**59.** Cette propriété nous fournit un nouveau moyen d'obtenir une intégrale complète de l'équation donnée. Cherchons, pour cela, l'équation des cônes dont les génératrices jouissent de cette propriété. L'équation générale des cônes qui ont le sommet pour origine est

$$z = x\varphi\left(\frac{y}{x}\right);$$

l'équation du plan tangent suivant une génératrice représentée par

$$\frac{y}{x} = \alpha$$

est

$$z = (\varphi - \alpha\varphi')x + \varphi'y;$$

les traces du plan tangent sur les plans $zy$ et $zx$ et la génératrice ont respectivement pour équations

$$\frac{x}{0} = \frac{y}{1} = \frac{z}{\varphi'(\alpha)},$$

$$\frac{x}{1} = \frac{y}{0} = \frac{z}{\varphi(\alpha) - \alpha\varphi'(\alpha)},$$

$$\frac{x}{1} = \frac{y}{\alpha} = \frac{z}{\varphi}.$$

Pour que la génératrice soit bissectrice de l'angle de ces deux traces, $\varphi$ doit satisfaire à l'équation

$$\frac{\alpha + \varphi\varphi'}{\sqrt{1 + \varphi^2}} = \frac{1 + \varphi^2 - \alpha\varphi\varphi'}{\sqrt{1 + (\varphi - \alpha\varphi')^2}}.$$

On a une solution en posant

$$1 + \varphi^2 - 2\alpha\varphi\varphi' - \alpha^2 = 0;$$

or, on peut la mettre sous la forme

$$\frac{2\varphi\varphi' + 2\alpha}{1 + \varphi^2 + \alpha^2} = \alpha,$$

et l'on obtient, en intégrant,

$$1 + \varphi^2 + \alpha^2 = m\alpha,$$

ou, en remettant $\frac{y}{x}$ à la place de $\alpha$ et $\frac{z}{x}$ à la place de $\varphi$,

$$x^2 + y^2 + z^2 - 2mxy = 0.$$

Nous retombons ainsi sur l'équation déjà trouvée.

**60.** La propriété qui vient de nous servir peut encore être énoncée d'une autre manière qui a son intérêt.

L'équation

$$\rho \cos\alpha = \rho' \cos\beta$$

nous apprend que les centres de courbure des sections MX et MY, respectivement parallèles aux plans $zx$ et $zy$, sont situés dans un même plan perpendiculaire à l'axe des $z$; donc :

61. *Dans toutes les surfaces dont il s'agit, si l'on mène par un point M deux plans respectivement parallèles à deux plans fixes, les cercles osculateurs au point M des sections ainsi déterminées coupent en un même point l'intersection des deux plans.*

Sous cette forme, nous apercevons immédiatement que les surfaces du second ordre, admettant deux séries de sections circulaires parallèles, jouissent de cette dernière propriété.

Dans les surfaces du second ordre, on sait que si l'on mène un plan sécant quelconque, puis un plan parallèle à celui-ci et tangent en M, les axes de la section sont parallèles aux tangentes des lignes de courbure qui passent par le point M; nous pouvons donc énoncer ce théorème :

62. *Si, dans une surface du second ordre, on mène par le centre un plan quelconque, les axes de la section sont les bissectrices de l'angle formé par les traces du plan sécant sur les plans des sections circulaires.*

Tout ce qui précède ayant pour point de départ la recherche des ombilics, nous avons supposé jusqu'ici que les plans $zx$ et $zy$ sont rectangulaires; mais les trois dernières propriétés ne supposent pas nécessairement cette condition; elles sont complétement générales.

M. Bonnet, à qui nous communiquions récemment ce dernier théorème, nous a appris qu'il a déjà été énoncé par Ollivier sous une forme équivalente.

*Vu et approuvé.*

Le 4 novembre 1865.

Le Doyen de la Faculté des Sciences,
MILNE EDWARDS.

*Permis d'imprimer.*

Le 4 novembre 1865.

Le Vice-Recteur de l'Académie de Paris,

A. MOURIER.

# DEUXIÈME THÈSE.

## PROPOSITIONS D'ASTRONOMIE DONNÉES PAR LA FACULTÉ.

Des instruments méridiens et de la réduction des observations méridiennes.

*Vu et approuvé.*

Le 4 novembre 1865.

Le Doyen de la Faculté des Sciences,

**MILNE EDWARDS.**

*Permis d'imprimer.*

Le 4 novembre 1865.

Le Vice-Recteur de l'Académie de Paris,

A. MOURIER.

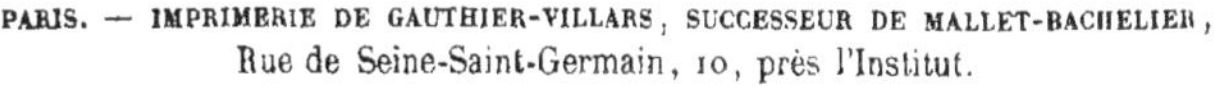

PARIS. — IMPRIMERIE DE GAUTHIER-VILLARS, SUCCESSEUR DE MALLET-BACHELIER,
Rue de Seine-Saint-Germain, 10, près l'Institut.

PARIS. — IMPRIMERIE DE GAUTHIER-VILLARS,
Rue de Seine-Saint-Germain, 10, près l'Institut.